人力资源管理理论与实践研究

苗 军 董 霄 常 青◎著

线装书局

图书在版编目（CIP）数据

人力资源管理理论与实践研究/苗军，董霄，常青著.--北京：线装书局，2023.9
ISBN 978-7-5120-5688-6

Ⅰ.①人… Ⅱ.①苗… ②董… ③常… Ⅲ.①人力资源管理－研究 Ⅳ.①F243

中国国家版本馆CIP数据核字(2023)第171181号

人力资源管理理论与实践研究
RENLI ZIYUAN GUANLI LILUN YU SHIJIAN YANJIU

作　　者：苗军 董霄 常青
责任编辑：林　菲
出版发行：线裝書局
　　　　　地　址：北京市丰台区方庄日月天地大厦B座17层（100078）
　　　　　电　话：010-58077126（发行部）010-58076938（总编室）
　　　　　网　址：www.zgxzsj.com
经　　销：新华书店
印　　制：北京四海锦诚印刷技术有限公司
开　　本：787mm×1092mm　1/16
印　　张：11.75
字　　数：226千字
版　　次：2023年9月第1版第1次印刷
定　　价：78.00元

线装书局官方微信

前　言

　　人力资源管理与生产管理、营销管理、财务管理等一样，是企业管理的基本职能之一，在工商管理专业教学及管理实践中有举足轻重的地位。把员工作为一种特殊的资源加以开发利用，真正调动员工工作的积极性与主动性，是现代人力资源管理的核心任务，也是企业管理人员的首要职责。企业的管理层必须认识到：组织的成功越来越取决于该组织管理人力资源的能力。

　　本书从人力资源战略的高度出发，全面、系统地阐述了人力资源管理的基本原理、流程和方法，全书在内容安排上共设置六章：第一章是人力资源管理导论，内容包括人力资源的相关知识、对人力资源管理的基本认识、人力资源管理的演变及发展、人力资源管理的理论依据；第二章是人力资源规划与工作分析，内容涉及人力资源规划及程序、人力资源供需预测、工作分析基础及其方法、工作岗位设计与工作评价；第三章探讨了人力资源的获取与有效配置，内容包括员工招聘活动开展、员工甄选与录用、人力资源的有效配置；第四章解读了员工培训开发与职业生涯管理；第五章围绕员工绩效与薪酬福利管理展开论述；第六章基于互联网思维、大数据技术、人工智能以及新媒体等不同视角研究了人力资源管理的创新发展与实践。

　　全书在体系结构上体现了创新性、新颖性、系统性，在内容上增加了可读性和实用性。本书不仅适合对人力资源管理感兴趣的不同层次的读者阅读，还适用于人力资源管理课程教学，同时对企事业单位从事人力资源管理的人员也有一定的参考价值。

　　笔者在撰写本书的过程中，得到了许多专家、学者的帮助和指导，在此表示诚挚的谢意。由于笔者水平有限，加之时间仓促，书中所涉及的内容难免有疏漏之处，希望各位读者多提宝贵意见，以便此书的进一步修改、完善。

目　录

第一章　人力资源管理导论

第一节　人力资源的相关知识

一、人力资源的相关概念

（一）资源的概念界定

资源是人类赖以生存的物质基础。从经济学角度，资源泛指社会财富的源泉，是指能给人们带来新的使用价值或价值的客观存在物。对一个组织而言，其所能运用的资源主要有三种：物质资源、财政资源和人力资源。物质资源，如土地、原料、机器等；财政资源，如金钱与融资信用等；人力资源，包括组织内部成员与其所能运用的外在人力。。

（二）人力资源的概念界定

人力资源（Human Resource，HR）是由管理大师彼得·德鲁克于1954年在其著作《管理的实践》中首次提出的概念。德鲁克认为，人力资源和其他资源相比，唯一的区别就是其是人，并且是经理们必须考虑的具有"特殊资产"的资源。人力资源的概念有广义与狭义之分。广义的人力资源是指在一个国家或地区中，处于劳动年龄、未到劳动年龄和超过劳动年龄但具有劳动能力的人口之和；还可以表述为，一个国家或地区的总人口减去丧失劳动能力的人口之后的人口。狭义的人力资源是指具有劳动能力的劳动适龄人口。

本书认为，从能力的角度出发来理解人力资源的含义更接近于它的本质。资源是社会财富的源泉，人对财富形成能起贡献作用的不是别的方面，而是人所具有的知识、经验、技能、体能等，在这个意义上，人力资源的本质是能力。我们给人力资源下一个定义，就是指人所具有的对价值创造起贡献作用，并且能够被组织所利用的体力和脑力的总和。

（三）人力资源与其他资源的关系辨析

与人力资源容易混淆的资源，有人口资源和人才资源。

人口资源是指一个国家或地区所拥有的人口总量，它是一个最基本的底数，一切人力资源、人才资源皆产生于这个最基本的资源中，它主要表现为人口的数量。

人才资源是指一个国家或地区中具有较多科学知识、较强劳动技能，在价值创造过程中起关键或重要作用的那部分人。人才资源是人力资源的一部分，即优质的人力资源。

应当说这三个概念的本质是有所不同的，人口资源和人才资源的本质是人，而人力资源的本质则是脑力和体力；从本质上来讲它们之间并没有任何可比性，就人口资源和人才资源来说，它们关注的重点不同，人口资源更多是一种数量概念，而人才资源更多是一种质量概念，但是这三者在数量上存在一种包含关系。

在数量上，人口资源是最多的，它是人力资源形成的数量基础，人口资源中具备一定脑力和体力的那部分才是人力资源；而人才资源又是人力资源的一部分，是人力资源中质量较高也是数量最少的那部分。在比例上，人才资源是最小的，它是从人力资源中产生的，而人力资源又是从人口资源中产生的。

二、人力资源的构成要素

人力资源由数量和质量两方面构成。

（一）人力资源数量

组织的人力资源数量是指组织拥有的员工总体，包括以下形式：

一是实际人力资源。实际人力资源是指组织实际拥有和控制的员工总数，包括长期固定员工和临时聘用、兼职、咨询顾问等其他员工两大类。

二是潜在人力资源。潜在人力资源是指组织目前尚未使用，但未来可能通过各种方式加以开发和利用的人力资源。潜在人力资源主要受行业、区域人力资源状况以及组织的经济实力、发展阶段、管理政策、组织文化等因素影响。

（二）人力资源质量

人力资源质量是一定范围内（国家、地区或企业等）的劳动力素质的综合反映，是一定范围内人力资源所具有的体质、智力、知识、技能和劳动意愿，一般体现在劳动力人口的体质水平、文化水平、专业技术水平和劳动的积极性上。人力资源质量主要包括人力资源能力质量和人力资源精神质量。

1. 人力资源能力质量

人力资源能力质量，即作为推动物质资源、从事社会劳动的能力水平的高低，体现在知识（一般知识与专业、职业知识）、工作技能、创造能力、对岗位的适应能力、流动能力、管理能力等能力水平上。其中，知识水平与技能水平是人力资源能力质量中最主要、最为人们所关心的两方面。

2. 人力资源精神质量

人力资源精神质量，即思想素质、心理状态，它是人力资源总体质量中极为重要又常常被人们忽视和遗漏的方面。人力资源精神质量包含思想、心理素质以及道德因素，它决定人的工作态度和动机，因而成为影响人力资源群体关系、组织凝聚力、微观和宏观经济效益的重要因素。

（三）人力资源数量与质量关系的思辨

与人力资源的数量相比，其质量更为重要。人力资源的数量能反映出可以推动物质资源的人的规模，人力资源的质量则能反映可以推动哪种类型、哪种复杂程度和多大数量的物质资源。一般来说，复杂劳动只能由高质量人力资源从事，简单劳动则可以由低质量人力资源从事。经济越发展，技术越现代化，对人力资源质量的要求就越高，现代化的生产体系要求人力资源具有极高的质量水平。需要注意的是，要获取高质量的人力资源就要付出较高的生产成本，而且高质量人力资源又具有稀缺性，如果这种资源的供给不被需求所吸收，就会给个人与社会造成巨大浪费。

三、人力资源的主要特点

人力资源作为一种资源，与其他资源相比具有能动性、社会性、时效性、再生性和双重性的特点。

第一，能动性。能动性是指人力资源区别于其他资源的最主要特点、最本质的特征在于它是"有意识"的，与物质资源相比，人力资源有思想和情感，能够接受教育或主动学习，并能够自主选择职业。更重要的是人力资源能够发挥主观能动性，有目的、有意识地利用其他资源进行生产，能够不断创造新的工具、技术，推动社会和经济的发展，推动人类文明进步。

第二，社会性。社会性是指人力资源处于特定的社会和时代中，不同的社会形态、不同的文化背景，都能反映和影响人的价值观念、行为方式、思维方法。从本质上说，人力资源是一种社会资源。人力资源的社会性要求，在其开发过程中要特别注意社会政治制度、国家政策、法律法规以及文化环境的影响，特别要注意开发措施的人群的针对性。

第三，时效性。时效性是指人力资源的形成、开发和使用，都具有时间方面的限制，这是同人的生命年龄有直接关系的。每个人的生命一般都会经过婴幼儿期、青壮年期、老年期，不同年龄阶段会表现出不同的资源效力。同时，每个人都有才能发挥的最佳时期、最佳年龄段。因此，人力资源的开发和使用必须及时，要把握住关键期，以取得最大效益。

第四，再生性。资源分为可再生性资源和不可再生性资源两大类。人力资源是一种可再生性资源，在开发过程中，不会像不可再生性资源（如矿石资源）那样因为使用而减少；相反，还可能因为使用而提高水平，增强活力。人力资源的再生性有两层含义：一是指人口的再生产和劳动力的再生产；二是指人力资源的知识和技能可以通过教育和培训不断丰富和提高，并在工作实践中得到锻炼和积累。

第五，双重性。双重性是指人力资源既是创造社会财富的生产者，又是社会财富的消费者，因此，具有生产性和消费性。生产性是指人力资源是物质财富的创造者，为组织的生存与发展提供了条件；消费性是指人力资源为了维持本身的存在，必须消耗一定数量的其他自然资源，比如粮食、织物、水、能源等，而且在消耗方面得到体现和关心的程度会直接影响人力资源积极性的发挥。

四、人力资源与人力资本辨析

（一）人力资本的概念理解

人力资本的提出，实质上是资本概念的扩展，是资本概念在人身上的应用。按经济学的观点，资本是可以带来剩余价值的价值。人力资本把人当作一种可以增值的资本，这时人就与其他资本一样，具有了资本的特性。

在理论界，通常将美国著名经济学家舒尔茨看作人力资本理论的创立者，他的主要观点是，人力资本是通过对人力资源投资而体现在劳动者身上的体力、智力和技能，它是另一种形态的资本，而它的有形形态就是人力资源。舒尔茨认为，对人的投资渠道主要有五种，即营养及医疗保健费用、学校教育费用、在职人员培训费用、择业过程中所发生的人事成本和迁徙费用。

人力资本理论挣脱了传统理论中资本只是物质资本的束缚，将资本划分为人力资本和物质资本。物质资本指体现在物质产品上的资本，包括厂房、机器、设备、原材料、土地、货币和其他有价证券等。

归纳起来，可以将人力资本定义为：体现在人身上的资本，即对人进行投资所形成的蕴含于人身上的各种知识、技能、经验、态度、创造力和健康素质的存量总和。

（二）人力资源与人力资本的不同

人力资源和人力资本这两个概念容易混淆，二者之间的区别首先在于将"人力"视作

"资源"还是"资本"。资源和资本虽然只有一字之差，但有着本质区别。主要表现在以下三方面：

第一，二者所关注的焦点不同。人力资本关注的是收益问题。作为资本，人们就会更多考虑投入与产出的关系，会在乎成本，会考虑利润。人力资源关注的是价值问题。作为资源，人人都想要最好的，钱越多越好，技术越先进越好，人越能干越好。

第二，二者的性质不同。人力资源所反映的是存量问题。提到资源，人们会更多考虑寻求与拥有。人力资本所反映的是流量与存量问题。提到资本，人们会更多考虑如何使其增值生利。资源是未经开发的资本，资本是开发利用了的资源。

第三，二者研究的角度不同。人力资源是将人力作为财富的源泉，是从人的潜能与财富关系来研究人的问题的；人力资本是将人力作为投资对象、作为财富的一部分，是从投入与效益的关系来研究人的问题的。

人力资源是被开发、待开发的对象。人力资源得不到合理开发，就不能形成强大的人力资本，也无法可持续发展。人力资本的形成和积累主要靠教育。如果没有教育，人力资源就得不到合理开发。现代企业仅将人力作为资源还不够，还应将人力资源合理开发利用和有效配置后变成人力资本。人力资本与人力资源相比的先进之处主要在于，人力资源只是立足于人的现有状况来挖掘其潜力，而人力资本则更偏重人的可持续发展，重视通过培训和激励并重等多种"投资"手段来提高人的价值。

第二节　对人力资源管理的基本认识

一、人力资源管理的概念界定

人力资源管理可以分为宏观和微观两个层次。宏观人力资源管理是指一个国家或地区通过制定一系列政策、法律制度和行政法规，采取一些必要措施促使人力资源的形成，为人力资源的形成和开发利用提供条件，对人力资源的利用加以协调，使人力资源的形成和开发利用与社会协调发展。如我国的计划生育和人口的规划管理、教育规划管理、职业定向指导、职业技术培训、人力资源的宏观就业与调配、劳动与社会保障等就是我国进行宏观人力资源管理的具体体现。微观人力资源管理是指一个组织对其所拥有的人力资源进行开发和利用的管理。本书所研究的是微观人力资源管理。

目前，人们在理解人力资源管理概念的过程中似乎陷入了两难境地。一方面，人们想把人力资源管理与传统的人事管理区别开来，否则不足以让人接受；另一方面，却又看不出人力资源管理的学科体系与传统人事管理的学科体系有多大区别，以至于有人说人力资源管理就是传统的人事管理，二者是一回事。

我们认为，现代人力资源管理是超越传统人事管理的全新管理模式。人力资源管理是指在人本思想指导下，通过招聘、选择、培训、考评和薪酬等管理形式对组织内外相关的人力资源进行有效运用，满足组织当前及未来发展的需要，保证组织目标的实现和组织成员发展的最大化。

现代人力资源管理与传统人事管理的差别，不仅是名词的转变，二者在性质上已有了本质的差异。现代人力资源管理更具有战略性、整体性和未来性，它从被看作一种单纯的行政事务性管理活动的框架中脱离出来，根据组织的战略目标制订人力资源规划与战略，人力资源管理部门直接参与企业战略决策，并成为组织生产效益的部门。

二、人力资源管理的目标与任务

（一）人力资源管理的目标

美国学者经过多年研究，认为人力资源管理包括四大目标：第一，建立员工招聘和选择系统，以便能够雇用到最符合组织需要的员工。第二，最大限度地挖掘每个员工的潜质，既服务于组织目标，又确保员工的事业发展和个人尊严。第三，留住那些通过自己的工作绩效帮助组织实现目标的员工，同时排除那些无法对组织提供帮助的员工。第四，确保组织遵守政府有关人力资源管理方面的法令和政策。

根据美国学者的观点，我们认为组织人力资源管理的目标应包括以下三方面：一是保证组织人力资源管理的需求得到最大限度的满足。二是最大限度地开发和管理组织内外的人力资源，促进组织的持续发展。三是维护与激励组织内部的人力资源，使其潜能得到最大限度的发挥，不断提升其人力资本的价值。

（二）人力资源管理的任务

为了保证组织人力资源管理目标的实现，必须明确人力资源管理的任务。归纳起来，人力资源管理的任务有以下六项：

一是规划。它是以组织总体目标为依据，在分析现有人力资源的基础上，对组织未来的人力资源供给与需求进行预测和决策，进而确定组织人力资源发展目标以及达到目标的措施的过程。

二是吸收。它是指根据组织的工作需要和条件允许来招聘、选拔和录用员工的过程，它是组织整个人力资源管理活动的基础。

三是保持。它主要是通过薪酬、福利和职业计划等措施激励和维持员工的工作积极性和责任心，提高员工的工作满意度，保证员工的工作生活质量。

四是开发。通过人力资源开发与培训，提高员工的知识和技能水平，挖掘员工的潜在能力，不断提升员工的人力资本价值。

五是考评。通过价值评价体系及评价机制的确定，对员工的工作绩效、工作表现和思想品德等方面进行评价，使员工的贡献得到认可。

六是调整。为了让员工保持所要求达到的技能水平和良好的工作态度，以考评结果为依据，对员工实行动态管理，如晋升、调动、奖惩、离退和解雇等。

在以上六项任务中，规划是整个人力资源管理活动的核心。在制订人力资源规划时，要坚持人力资源规划服从于组织战略规划的原则。同时，要注意分析各项任务之间的相互关系和相互作用，从人力资源管理的整体和全局上看问题，处理好各项任务之间的关系。

三、人力资源管理的意义及功能

（一）人力资源管理的意义

第一，有利于组织生产经营活动的顺利进行。组织中人与人、人与事、人与组织的配合与效率，直接影响组织生产经营活动的顺利进行。只有通过科学的人力资源管理，合理组织人力资源，不断协调人力资源同其他资源之间的关系，并在时间和空间上使人力资源同其他资源形成最优配置，才能保证组织生产经营活动有条不紊地进行。

第二，有利于调动组织员工的积极性，提高劳动生产率。美国学者通过调查发现，按时计酬的职工每天只须发挥自己 20% ~ 30% 的能力，就可以保住自己的饭碗，但若充分调动其积极性和创造性，其潜力可以发挥 80% ~ 90%。组织人力资源管理的重要任务就是要设法为员工创造一个适合他们的劳动环境，使员工和工作岗位相匹配，充分发挥每个员工的专长；并且正确评价每个员工的贡献，根据员工的贡献和需要进行有效激励，使员工安于工作，乐于工作，忠于工作，积极主动地奉献自己的全部能力和智慧，从而达到提高劳动生产率的目的。

第三，有利于开发人力资源，确保组织长期的竞争优势。组织人力资源管理的一个主要任务就是对企业员工的培训与开发。通过对员工的培训，不断提高员工的素质，使一线员工能够有效掌握和运用现代化技术和手段，生产出一流的产品；使管理人员能够掌握现代化的管理理论与方法，提高企业管理的能力与水平，从而确保组织长期竞争的优势，促进组织的发展。

第四，有利于减少劳动消耗，提高组织的经济效益。组织的经济效益是指组织在生产经营活动中的支出和所得之间的比较。减少劳动消耗的过程，就是提高经济效益的过程。因此，科学的人力资源管理，合理的人力资源配置，可以促使组织以最小的劳动消耗取得最大的经济效益。

（二）人力资源管理的功能

人力资源管理的功能和职能本质上是不同的，人力资源管理的职能是它所要承担或履行的一系列活动，例如人力资源规划、职位分析、招聘录用等；而人力资源管理的功能是指它本身应该具备或发挥的作用，具有一定的独立性，是通过职能来实现的。人力资源管理的功能体现在五方面：获取、维持、整合、开发和调控。

1. 获取功能

人力资源管理工作的第一步是获取人力资源。根据组织目标确认组织的工作要求及人数等条件，通过工作分析、人力资源规划、招聘和录用等环节，选拔与目标职位相匹配任职者的过程。

2. 维持功能

维持功能主要体现在建立并维持有效的工作关系上。一系列的薪酬、考核和晋升等管理活动，能保持企业员工稳定和有效工作的积极性以及安全健康的工作环境，以增加其满意度，从而安心和满意地工作。

3. 整合功能

整合功能表现在企业可以借助培训教育等手段实现员工组织社会化。整合的目的是培养员工与组织一致的价值取向和文化理念，并使其逐步成为组织人，具体体现为新员工上岗引导、企业文化和价值观的培训。

4. 开发功能

开发是提高员工能力的重要手段。其通过组织内部一系列管理活动，培养和提高组织员工的知识、技能和素质，以增强和提高员工的工作能力，并使员工的潜能得到充分发挥，最大限度地实现其个人的价值和人力资源对组织的贡献，以达到个人与组织共同发展的目的。

5. 调控功能

调控功能体现为企业对员工实施合理、公平的动态管理，对员工的工作表现、潜质和工作绩效进行评估和考核，可以为企业做出人力资源奖惩、升降和去留等决策提供依据，具体表现为晋升、调动、工作轮换、离退休和解雇等。

四、人力资源管理的原理阐释

（一）系统优化原理

系统优化原理，指人力资源系统经过组织、协调、运行、控制，使其整体功效达到最优绩效的理论。系统优化原理要求群体功效达到最优，是人力资源管理最重要的原理。人力资源系统面对的系统要素是人，人具有复杂性、可变性和社会性。因此，要达到人的群体功效最优，必须注意协调、提倡理解、避免内耗。

（二）能位匹配原理

能位匹配原理是指根据岗位的要求和员工的能力，将员工安排到相应的工作岗位上，保证岗位的要求与员工的实际能力相一致、相对应。"能"是指人的能力、才能，"位"是指工作岗位、职位，"匹配"是一致性与对称性。企业员工的聪明才智发挥得如何，员工的工作效率和成果如何，都与人员在使用上的能位适合度成函数关系。能位适合度是人员的"能"与其所在"位"的配置程度。能位适合度越高，说明能位匹配越合理、越适当，即位得其人、人适其位、适才适所，这不但会带来高效率，而且还会促进员工能力的提高和发展；反之则不然。

根据这一原理，企业必须建立以工作岗位分析与评价制度为基础、运用人员素质测评技术等科学方法选拔人才的招聘、任用机制，从根本上提高能位适合度，使企业人力资源得到充分开发和利用。

（三）激励强化原理

激励强化原理是指通过对员工物质的或精神的需求给予满足的允诺，来强化其为获得满足则必须努力工作的心理动机，从而达到员工充分发挥其积极性努力工作的结果。人力资源管理者的任务不只是以获得人力资源为目标，人力资源管理者在为单位或组织获得人力资源之后，还要通过各种开发管理手段，合理使用人力资源，提高人力资源的利用率。为此就必须坚持激励原理。

综合运用激励手段的基本原则是：公平目标与效率目标结合，个体激励与群体激励结合，物质激励与精神激励结合，外激励与内激励结合，正激励与负激励结合。

（四）互补增值原理

互补增值原理是指通过团队成员的气质、性格、性别、年龄等各因素之间相互补充，从而扬长避短，实现人力、物力和财力的合理配置，达到互补增值效应。人作为个体，不可能十全十美。而作为群体，则可以通过相互结合、取长补短，组合成最佳的结构，更好地发挥集体力量，实现个体不能达到的目标。在贯彻互补原则时，还应当特别注意主客观因素之间的协调与优化。

第三节　人力资源管理的演变及发展

一、人力资源管理的起源：福利人事与科学管理

18 世纪后期，英国及其他一些资本主义国家出现了产业革命。产业革命是以机器大工业代替工场手工业的革命。1769 年，机械师瓦特发明的蒸汽机得到广泛应用，手工业的生产转变为机器的生产，工厂这一新的组织形式代替了以家庭为单位的手工作坊。工厂制度的出现，要求对机器大工业的管理必须采用新的科学的方法，那种依靠个人的主观经验和臆断行事的做法，显然不适应工业革命后工厂制度所代表的生产力发展的要求，因此，人们开始了对工厂管理的探索。竞争与发展要求这些工厂进一步扩大规模，但制约扩大规模的主要瓶颈是企业主们以前从未遇到过的劳工问题，其产生的主要原因在于当时的员工不喜欢也不习惯于工厂的劳动方式。

首先，当时的人们不喜欢工厂的劳动方式，对工厂劳动的单调性、一年到头都得按时上班以及时时刻刻都要全神贯注等没有任何好感，这导致企业很难招聘到足够的工人，特别是技术工人。于是，企业被迫采取各种各样的福利措施来吸引工人。其次，进入工厂的员工也不习惯于工厂的劳动方式，比如严守时间、按时出勤、接受新的监督制度和按机械速度劳动等。为增进工人对企业的忠诚、消除一年中的工作单调性和加强个人间的关系，一些企业也不得不采取各种各样的福利措施以留住工人，如经常利用传统的节日组织工人进行郊游和野餐等。

对劳工问题的解决措施促进了福利人事概念的形成与发展。所谓福利人事，是指由企

业单方面提供或赞助的、旨在改善企业员工及其家庭成员的工作与生活的一系列活动与措施。直至今天，我们仍能从人力资源管理中找到传统福利人事的影响，如企业设置职工浴池和职工食堂，提供医疗保健服务，修建各种娱乐和健身设施，兴办员工托儿所，甚至派福利代表到员工家中嘘寒问暖，提供营养和卫生方面的咨询等。总之，福利人事概念是在"关心工人"和"改善工人境遇"的观念的基础上建立的一种有关"工人应如何被对待"的思想体系，其基本信念是"福利工作是能强化诚信和提高工人士气的善举"，这会改善劳资关系，并有利于提高生产率。然而，福利人事提高生产率的作用在实践中并没有得到显现。

同样关注劳工问题的还有科学管理之父弗雷德里克·泰勒。他认为，劳动组织方式和报酬体系是生产率问题的根本所在。他呼吁劳资双方都要进行一次全面的思想革命，以和平代替冲突，以合作代替争论，以齐心协力代替相互对立，以相互信任代替猜疑戒备。建议劳资双方都应将目光从盈余分配转到盈余的增加上，通过盈余的增加使劳资双方没有必要再为如何分配而争吵。针对如何来保证盈余的增加，泰勒则提出了一系列原则：

第一，科学管理的中心问题是提高劳动生产率。泰勒认为当时产生劳资矛盾的根本原因是效率低，工人和工厂主对工人一天干多少活儿心中无数，因而提高生产率的潜力是很大的。正是基于这一认识，泰勒的科学管理研究都是围绕如何提高工作效率而展开的，并且主要集中在定额研究以及人与劳动手段的匹配上。

第二，科学挑选工人。泰勒认为为了提高劳动生产率，必须为工作挑选"第一流的工人"，并对他们进行培训和教育，从而最大限度地发挥他们的能力。

第三，工时研究与标准化。工时研究是泰勒制的基础，它的任务是通过对工人操作的基本组成部分进行测试与分析，确定最佳工作方法、工时定额和其他劳动定额标准。标准化是指，建立各种明确的规定、条例、标准，并使工人掌握标准化的操作方法，使用标准化的工具、机器和材料，使一切工作制度化、标准化、科学化。

第四，差别计件工资制。为了鼓励工人努力工作，泰勒提出了差别计件工资制，即根据工人完成定额的不同而采取不同的工资率，而不是根据工作类别来支付工资。泰勒经过实践证明，实行差别计件工资制效果十分显著，使产量增加2～3倍，成本降低很多，从而使工人和企业都感到满意。

第五，职能管理。为了提高劳动生产率，泰勒主张把计划职能与执行职能分开。泰勒的计划职能实际上就是管理职能，执行职能则是工人的劳动职能。计划职能由企业管理当局建立专门的计划部门，专门进行标准化研究，制定标准，下达任务，工人则按计划生产。对于工长对工人的管理，泰勒提出一种"职能工长制"，即将管理工作予以细分，一个工长只承担一项管理职能，每个工长在其业务范围内有权监督和指导工人的工作。

泰勒的科学管理思想与理论对人事管理概念的产生具有举足轻重的作用。首先，泰勒的思想与理论引起了人们对人事管理职能的关注，并推动了人事管理职能的发展。其次，科学管理主张管理分工，强调计划职能和执行职能分开，从而为人事管理职能的独立提供了依据和范例。

总之，运用福利人事来坚持"工人应该如何被对待"的信仰与价值观，运用科学管理来提高生产率使企业得以生存与发展，福利人事与科学管理的融合使企业管理的研究者和实践者们认识到，过去由一线管理人员直接负责招聘、挑选、培养、薪酬、绩效评估、任命、奖励等工作的做法，已不能适应企业组织规模扩大的现实。企业要做好对人管理这项工作，必须有专职人员对一线管理人员提供建议，这为人事管理作为参谋部门而非直线部门的出现奠定了基础。1910年，实行泰勒制的典范——普利茅斯出版社成立了人事部，任命简·威廉斯为首任人事部经理。其职责就是通过职业分析确定适当的人选，训练和引导工人，保存工作记录，每月接见每个工人一次，每六个月为增加工资评定效率等级，听取意见，照顾出事故或生病的工人，管理储藏流行杂志和技术书籍的图书馆，为家庭提供财务咨询以及其他服务。从此，人事管理作为一个独立的管理职能正式进入企业管理的活动范畴。

二、人力资源管理的演进：人事管理

人事管理是为企业对人员的管理提供支持的一种作用体系，关注的焦点在于建立、维护和发展特定的体系，从而提供一种雇佣体制框架。这种体系作用于员工受雇于企业的整个过程，包括从受雇（招募与选聘等）、雇佣关系管理（奖励、评估、发展、劳资关系、申诉与违纪等），到雇佣关系的结束（退休、辞职、减员和解雇等）。早期关于人事管理的论文常发表在《年报》（The Annals）和《管理杂志》（Engineering Magazine）两本期刊上，在1916年，《年报》出版专刊讨论"工业管理中的人事和雇佣问题"。第一本以"人事管理"为书名的教科书出版于1920年，该书归纳了在雇佣、报酬、纪律以及其他相关领域的一些流行做法。

20世纪30年代的霍桑实验为人事管理的发展开拓了新方向。霍桑实验证明：员工的生产率不仅受工作设计和员工报酬的影响，而且受到许多社会和心理因素的影响。因此，有关工作中的人的假设发生了变化，工业社会学、人际关系学、工业关系学和行为科学等新兴学科应运而生，大量研究成果在人事管理领域得到了广泛运用，并推动人事管理迅速发展。

霍桑实验带来了整个管理学在20世纪前半叶对人的因素的关注，也促成了人事管理的发展，但这一时期所确定的人事管理内容领域仍是杂乱的。人事管理没有形成一个科学、严格的定义，而是将以人为中心的管理活动合并在一起统称为人事管理。

进入 20 世纪六七十年代，西方涉及人事和工作场所的相关立法急剧增加，并且立法的关注点也从工会与管理层之间的问题转向了员工关系。随着各项法律的出台，企业也很快意识到，卷入与员工或雇佣有关的司法诉讼的花费巨大。于是，大量律师走进了企业人事部，主要任务是规范一线经理管理行为的合法性，尽可能为企业避免司法诉讼，这样一来，直接处理有关司法诉讼等工作成了人事管理的新职能。

20 世纪 80 年代是一个组织持续且快速变革的时代，敌意接管、杠杆收购、兼并、剥离等事件层出不穷，人事管理也进入了企业更高的层次，从关注员工道德、工作满意度转变为关注组织的有效性。高级人事主管开始参与讨论有关企业未来发展方向、战略目标等问题，工作生活质量、工作团队组织、组织文化等成为人事管理的重要内容。总之，人事管理的职能丰富了，人事管理的地位提升了，人事经理也开始跻身企业高级管理人员之列，但人事管理依然没有形成完整而严密的理论体系，仍是一系列对人的管理活动的集合。

三、人力资源管理的蜕变：从人事管理到人力资源管理

1984 年，亨特设想对人事管理重点的转移，引起人事管理有关人员的广泛注意，最终导致了人事管理向人力资源管理的转变。

人力资源管理模式是由美国哈佛大学商学院教授迈克尔·比尔等人在 1984 年出版的《管理人力资本》一书中首先提出的。比尔等人认为，传统的人事管理定义狭窄，人事管理活动是针对各自特定的问题和需要，而不是针对一个统一、明确的目标做出的反应，造成了人事管理职能之间以及人事管理职能与其他管理职能之间的相互割裂。竞争压力的变化要求企业在人力资源管理问题上应有一个定义更广泛、更全面和更具有战略性的观点，要求从组织角度对人加以更多的关注，在对人员的管理上采取更长远的观点，把人当作一项潜在资本，而并不仅看作可变成本。因此，人力资源管理应包括影响企业与员工之间关系的所有管理决策与行为。

在人力资源管理模式中，首先，比尔等人把员工看作企业中与股东、管理层地位平等的一个主要利益相关者。这一观点显示了人力资源管理在协调管理层和员工间利益冲突方面的重要性，大大扩展了人力资源管理所涉及的范围，并暗示直线经理（特别是总经理）应承担更多的人力资源管理职责。其次，比尔等人认为，人力资源管理政策和实践的设计与实施，必须与大量的、重要的具体情况因素相一致。这些具体情况因素包括劳动力特征、企业经营战略和条件、管理层的理念等。通过这些具体情况因素，比尔等人将人的问题与

经营问题有机结合起来，并使人力资源管理具有了战略价值。再次，比尔等人把众多而分散的人事管理行为归纳为四个人力资源政策领域——员工影响、人力资源流动、报酬体系和工作体系，并强调四个政策领域的每两个之间都需要有合理程度的一致性。最后，比尔等人指出，人力资源管理政策与实践的评估应是多层次的，人力资源管理政策与实践的直接效果可以用员工的能力、员工的承诺、人力资源管理政策的一致性和人力资源政策的成本－收益来评估，而人力资源管理政策与实践的长期效果则应从组织有效性、员工福利和社会福利三方面来考查。

比尔等人的人力资源管理模式提供了一个很有价值的分析框架，学术界对该模式所包含的变量评价较高，认为该模式既反映了雇佣关系中所涉及的商业利益，也反映了雇佣关系应该实现的社会责任。然而比尔等人并没有明确指出人力资源管理究竟与人事管理有什么不同，这一问题直到 1992 年才由斯托里给出了答案。斯托里通过对人力资源管理内在特征的分析，找出了人力资源管理与人事管理的不同点，并将这些不同点分为四大类：信念与假设、战略方面、直线管理和关键手段。人事管理致力于建立一种对员工进行规范与监管的机制，以保证企业经营活动低成本地有效运行。而人力资源管理则将员工视为能创造价值的最重要的企业资源，致力于建立一种能综合考虑人的问题与企业经营问题的机制。因此，如果说人事管理是企业管理的一种职能，那么，人力资源管理则无疑是一种新的企业管理模式。

四、人力资源管理的趋向：战略人力资源管理

近年来，战略管理的一个显著变化就是从关注企业绩效的环境决定因素转为强调企业的内部资源、战略与企业绩效的关系。如企业能力理论认为，与外部条件相比，企业的内部因素对于企业获取市场竞争优势具有决定性作用。从企业资源基础的理论出发，许多学者相信，传统的竞争优势来源（如技术、财务资源的获得）已不再能以稀缺的、不可模仿的和不可替代的方式为企业创造价值。人力资源的价值创造过程具有因果关系模糊等特征，其细微之处竞争对手难以模仿，因此，企业的人力资源将是持久竞争优势的重要来源，有效管理人力资源，而不是物质资源，将是企业绩效高低的最终决定因素。这一研究成果显著提高了人力资源在形成竞争优势方面的地位，促进从提高企业竞争力角度对人力资源管理的研究，并直接导致战略人力资源管理的兴起。

战略人力资源管理把人力资源管理视为一项战略职能，以"整合"与"适应"为特征，探索人力资源管理与企业组织层次行为结果的关系。其着重关注：①人力资源管理应完全整合进企业的战略；②人力资源管理政策在不同的政策领域与管理层次间应具有一致性；

③人力资源管理实践应作为日常工作的一部分被直线经理与员工所接受和运用。

五、人力资源管理的发展趋势探微

（一）人力资源管理的重心为知识型员工

人才主权是指人才具有更多的就业选择权与工作的自主决定权，而不是被动适应企业或工作的要求。企业要尊重人才的选择权和工作的自主权，并站在人才内在需求的角度，为人才提供人力资源服务，赢得人才的满意度与忠诚度。人才主权时代的动因主要有三方面：

第一，知识与职业经理人成为企业价值创造的主导要素，企业必须承认知识创新者和职业企业家的贡献与价值，资本单方面参与利润分享的历史已经结束，知识创新者和职业经理人具有对利润的索取权。这就彻底改变了资本所有者和知识所有者之间的博弈关系，利润的索取权利是人才主权的基础和理论依据。

第二，21世纪社会对知识和智力资本的需求比以往任何一个时代都更为强烈，导致知识创新者和职业企业家等人才短缺的现象加剧。这就使得一方面资本疯狂地追逐人才；另一方面人才揣着能力的选票来选企业，具有更多的工作选择权。人才引入风险资本，就是用知识雇用资本，通过知识转化为资本的方式，来实现知识的资本化。

第三，世界经济的一体化，使得人才竞争国际化。人才主权时代使得那些能够吸纳、留住、开发、激励一流人才的企业成为市场竞争的真正赢家。同时，也有可能给企业带来短时间的负面效应。一方面，企业一味地通过高薪留住、吸纳人才，造成热门人才的价值与价格背离，出现人才泡沫；另一方面，人才流动成为人才价值增值与价值实现的一种途径，使人才跳槽频繁，人才流动风险增大。

为了适应人才主权时代的要求，企业人力资源管理的重心应放在知识型员工上。对知识型员工的管理，要根据知识型员工自身的特点，采取全新的管理策略：

第一，知识型员工拥有知识资本，因而在组织中有很强的独立性和自主性。这就必然带来新的管理问题：首先，授权赋能人才风险管理。一方面企业要授权给员工，给员工一定的工作自主权；另一方面企业却面临在授权时所带来的风险。其次，企业目标要求与员工成就意愿协调。知识型员工具有很强的成就欲望与专业兴趣，如何确保员工的成就欲望和专业兴趣与企业发展目标一致是一个新问题。最后，知识型工作往往是团队与项目合作，其工作模式是跨专业、跨职能、跨部门的，有时并没有固定的工作场所，因此，如何进行知识型工作设计是一个新课题。

第二，知识型员工具有较高的流动意愿，希望在能够最大限度发挥自己才能的组织中工作，由追求终身就业饭碗转向追求终身就业能力。这就使得：①员工忠诚有了新的含义。流动是必然的，关键在于如何建立企业与员工之间的忠诚关系。②由于流动的加速，企业人力投资风险由谁承担成为企业面临的抉择。③流动过频，集体跳槽给企业管理带来危机。

第三，知识型员工的工作过程难以直接监控，工作成果难以衡量，使价值评价体系的建立变得复杂而不确定。知识型员工更加关注个人的贡献与报酬之间的相关性，这就要求企业建立公正、客观的绩效考评体系。

第四，知识型员工的能力与贡献差异大，出现混合交替的需求模式，需求要素及需求结构也有了新的变化：①报酬不再是一种生理层面的需求，其本身也是个人价值与社会身份的象征，使得报酬设计更为复杂。②知识型员工不仅需要获得劳动收入，而且要获得人力资本的投资收入。③知识型员工出现了新的内在需求要素，如利润与信息分享需求、终身就业能力提高的需求、工作变换与流动增值的需求、个人成长与发展的需求等。

第五，在知识创新型企业中，领导与被领导的界限变得模糊，知识正替代权威。一个人对企业的价值不再仅仅取决于其在管理职务上的高低，而是取决于其拥有的知识和信息量。领导和被领导之间的关系以信任、沟通、承诺、学习为基本互动准则。

（二）人力资源管理与企业战略规划的一体化发展

现代企业经营战略的实质，就是在特定的环境下，为实现预定的目标而有效运用包括人力资源在内的各种资源的策略。有效的人力资源管理，将促进员工积极参与企业经营目标和战略管理，并把它与个人目标结合起来，达到企业与员工"双赢"的状态。因此，人力资源管理将成为企业战略规划及战略管理不可分割的组成部分，而不再只是战略规划的执行过程，其战略性更加明显。

如果一个企业想要获得或保持竞争优势，战略规划和人力资源管理对其发展和前途都是最重要的，而且这两者必须紧密结合，因为战略规划的各个要素都包含人力资源因素，都必须获得人力资源的支持才能实现。这种变化趋势对人力资源管理来说也同样具有重要意义。因为人力资源规划是衡量和评价人力资源对企业效益贡献的基础，如果不真正清楚企业的战略目标，不将人力资源发展与企业战略目标紧密结合起来，人力资源规划就会变得毫无意义。因此，人力资源管理与企业战略规划的一体化从根本上为人力资源管理提供了对企业做出贡献的机会。

（三）企业与员工的关系将发生根本性变化

企业与员工关系的新模式就是以劳动契约和心理契约为双重纽带的战略合作伙伴关系。一方面依据市场法则确定员工与企业双方的权利、义务和利益关系；另一方面又要求企业与员工一道建立共同愿景，在共同愿景的基础上就核心价值观达成共识，培养员工的职业道德，实现员工的自我发展与管理。企业要关注员工对组织的心理期望与组织对员工的心理期望之间达成一种"默契"，在企业和员工之间建立信任与承诺关系。要建立企业与员工双赢的战略合作伙伴关系，企业就要以新的思维来对待员工，要以营销的视角来开发组织中的人力资源。从某种意义上来说，人力资源管理也是一种营销工作，即企业要站在员工需求的角度，通过提供令顾客满意的人力资源产品和服务来吸纳、留住、激励、开发企业所需要的人才。

企业向员工提供的产品与服务主要包括：①共同愿景：通过提供共同愿景，将企业的目标与员工的期望结合在一起，满足员工事业发展的期望。②价值分享：通过提供富有竞争力的薪酬体系及价值分享系统来满足员工的多元化需求，包括企业内部信息、知识和经验的分享。③人力资本增值服务：通过提供持续的人力资源开发、培训，提高员工的人力资本价值。④授权赋能：让员工参与管理，授权员工自主工作，并承担更多责任。⑤支持与援助：通过建立支持与求助工作系统，为员工完成个人与组织发展目标提供条件。

（四）人力资源管理部门的角色由成本中心转向利润中心

成本中心指的是不考核收入而着重考核成本费用的一类责任中心；利润中心指的是既要对成本负责，又要对收入负责的一类责任中心。二者的根本区别在于利润中心要更多考虑企业的利润，而不仅盯住成本费用。用这两个概念来说明人力资源管理部门的角色转变，就是要求企业用"为企业创造价值"的思想来指导自己的全部工作。传统的人事管理观念将人事部门定位为一个成本集中的消耗中心，主张通过一切可行的措施尽量减少人力投资以控制企业的人工成本，把减少人事管理费用作为自己的核心任务。这种观念比较集中地反映了企业过于重视短期利润。

企业如何降低成本固然重要，但更应该注重的是企业创造利润的能力，为此要把人力资源视为企业的首要资产。企业可以通过对人力资本的投资，实现利润增长的目标。著名经济学家舒尔茨的研究表明，企业对人的知识、能力、保健等人力资本方面的投资收益率远远高于其他一切形态资本的投资收益率。在具体工作中，人力资源管理部门为企业创造价值主要体现在以下几方面：

第一，通过对员工职业生涯的设计与实施、全方位的培训、准确的考核、有效的激励，加强员工的团队协作，提高员工的满意度、参与度，降低员工的流动性，减少劳动争议。这样有利于提高员工的工作效率，有利于企业的技术创新，有利于企业核心竞争力的增强。

第二，将人力资源战略与企业的总体经营战略结合起来，积极推进组织的调整和优化，加强关键岗位设置，减少多余岗位和人员，为企业高层决策提供建议，促进企业成功实施整体战略。

第三，在对外的各项活动，如招聘活动、研讨会、缴纳保险与公积金等行为中，以一个良好的形象出现，主动、积极地宣传企业。

（五）人力资源管理者的角色将重新界定

为适应人力资源管理部门的角色转变，企业人力资源管理者的角色将重新界定，主要表现在以下三方面：

第一，经营决策者角色。传统观点认为，人力资源管理部门是一个无足轻重的行政管理部门，同企业经营没有直接关系，只需要负责企业人员的招聘、培训、工资等日常管理活动。随着市场竞争的日趋激烈，人力资源管理在企业的核心地位越来越突出，人力资源管理者不再仅仅局限在人事工作方面，而是更多参与到企业经营活动中来，成为经营决策者。他们一方面要关注企业经营的长远发展，另一方面也要帮助直线经理和员工进行日常管理活动。

第二，CEO[①]职位的主要竞争者。随着企业对人力资源管理的日益重视和人力资源在现实生活中的重要作用，人力资源管理者在企业中的地位不断上升。CEO职位的候选人从最初的营销人员、财务人员逐步扩展到人力资源管理人员，越来越多高层人力资源主管会问鼎CEO职位，越来越多人力资源主管会进入企业董事会。如在20世纪90年代，美国前200家大企业中就有96位人力资源高层主管出任CEO。

第三，直线经理的支持者和服务者。21世纪，人力资源管理将成为各级管理人员的共同职责，而不再只是人力资源管理部门的任务。对于其他部门的经理，人力资源管理部门应给予培训，推广企业的人力资源管理理念和方法，使各层主管成为内行。同时，企业要把人力资源管理工作的各项指标作为直线经理绩效考评的主要内容。企业各层主管应该主动与人力资源管理部门沟通，共同实现企业目标，而不仅在需要招工或辞退员工时，才想到人力资源管理部门。人力资源管理者要与各级管理人员建立伙伴关系，成为他们的支持者和服务者。

---

① CEO一般指首席执行官。首席执行官（Chief Executive Officer，简称：CEO）是一个职位名称，是在一个企业中负责日常事务的最高行政官员，主司企业行政事务，故又称作司政、行政总裁、总经理或最高执行长。

（六）人力资源管理的全球化、信息化发展

经济和组织的全球化，必然要求人力资源管理策略的全球化。

第一，人才流动国际化、无国界。现代企业要以全球视野来招聘和选拔人才，来看待人才的流动。

第二，人才市场竞争的国际化。国际化的人才交流市场与人才交流将出现并成为一种主要形式。人才的价值（价格）不仅是在一个区域市场内体现出来的，它更多的是被按照国际市场的要求来看待的。

第三，跨文化的人力资源管理成为重要内容。不同文化背景的人在一起，就构成了跨文化的环境。在跨文化背景下对不同层面多样化的人力资源进行有效管理，是人力资源管理的重要任务。

第四，人才网成为重要的人才市场形式。要通过利用网络优势来加速人才的交流与流动，并为客户提供人力资源的信息增值服务。

第五，人才流动速率加快，流动交易成本与流动风险增加，人才流向高风险、高回报的知识创新型企业。面对这种情况，要求企业由筑坝防止人才跳槽流动转向整修"渠道"，即在企业内部创造良好的人力资源环境，对"流水"进行管理，控制好"河水"的流量和流速。

第四节　人力资源管理的理论依据

一、人性假设理论

人性假设是对人的本质需求的某种假设，是管理理论与实践中的一个重要问题。不同的人性观对应着不同的管理方法和管理手段。美国行为科学家埃德加·沙因在总结和发展前人研究成果的基础上将人性假设归结为四类，即经济人假设、社会人假设、自我实现人假设和复杂人假设。

（一）经济人假设

经济人假设理论认为人是"经济人"或"实利人""唯利人"。它假设人的行为动机就是为了满足自己的私利，人在本质上是追求最大的经济利益，工作目的是获得物质上的

报酬。经济人假设的核心内容可概括如下：

第一，人的本性是不喜欢工作的，只要有可能，人就会逃避工作。

第二，由于人天性不喜欢工作，对于绝大多数人必须加以强迫、控制、指挥，才能迫使他们为组织目标去工作。

第三，一般人宁愿受人指挥，希望逃避责任，很少有野心，对安全的需要高于一切。

第四，人是非理性的，本质上不能自律，易受他人影响。

第五，一般人都是为了满足自己的生理需要和安全需要参加工作的，只有金钱和其他的物质利益才能激励他们努力工作。

以经济人假设为指导思想，必然导致严密控制和监督式的管理方式，采取所谓的"任务管理"的措施，管理工作的重点在于提高劳动生产率，而不考虑人的思想感情，泰勒是"经济人"观点的典型代表。"任务管理"的主张就是在人的"科学管理"理论指导下提出的。

（二）社会人假设

社会人又称社交人。社会人假设是由梅奥等人在霍桑实验的基础上提出的，社会人假设是假设人们在工作中得到物质利益固然可以受到鼓舞，但不能忽视人是高级的社会动物，与周围其他人的人际关系对人的工作积极性会产生很大影响。这一假设的核心思想就是：驱使人们工作的最大动力是社会、心理需要，而不是经济需要，人们追求的是保持良好的人际关系。社会人假设的核心内容可概括如下：

第一，人们工作的主要动机是社会需求，而不是经济需要。社交需要是人类行为的基本激励因素，人际关系是形成人们身份感的基本因素。

第二，从工业革命中延续过来的机械化，使工作变得单调和无意义，因此必须从工作的社交关系里寻找工作的意义。

第三，与管理者所采用的奖酬和控制因素相比，员工更看重因工作而形成的非正式组织中的社交因素。

第四，员工对管理者的期望是员工的归属需要、被人接受的需要以及身份感的需要能被满足。

霍桑实验启发了越来越多的管理学家，他们认识到工人生产积极性的发挥和工效的提高，不仅受物质因素的影响，更重要的是受社会和心理因素的影响。于是，管理理论开始从过去的"以人适应物"转向"以人为中心"，在管理中一反过去层层控制式的管理，转而注重调动员工参与决策的积极性。

（三）自我实现人假设

自我实现人假设是根据美国心理学家马斯洛的自我实现理论提出的，它是假设人性是善的，只要能充分发挥人性的优点，就可以把工作搞好的一种人性理论。这种理论假设认为，人都有自我激励与自我实现的要求，人工作的主要动机是社会需要。

自我实现人假设的核心内容可以概括为：

第一，人的动机可归结为由多种动机组成的一个层次系统，有低级与高级之分，工作的目的是满足自我实现的需要。

第二，人们力求在工作上有所成就，实现自治和独立，发展自己的能力和技术，以便适应环境。

第三，人们能够自我激励和自我控制，外部激励和外部控制会对人产生威胁，造成不良后果。

第四，个人的自我实现与组织目标的实现并不冲突，只要适当调节，就能使二者达到一致。

自我实现人假设理论下，管理者的主要任务是寻找什么工作对什么人最具有挑战性，最能满足人自我实现的需求。人有自动的、自治的工作特性，因而管理制度应保证员工能充分施展自己的才能，充分发挥他们的积极性和创造性，主张下放权力，建立决策参与制度、提案制度、劳资会议制度，把个人的需要同组织的目标结合起来。

（四）复杂人假设

复杂人假设是美国薛恩教授等人在 20 世纪末 70 年代初提出的。他们认为，无论是经济人假设、社会人假设，还是自我实现人假设，都有其合理的一面，但都不适用于一切人。复杂人假设认为：人是复杂的，不能简单地归结为某种类型。一方面，人的个性因人而异，价值取向是多种多样的，没有统一的追求；另一方面，同一个人也会因环境、条件的不断变化产生多种多样的需要。各种需要互相结合，形成了动机和行为的多样性。所以复杂人假设并不是单纯的某一种人，是掺杂着善与恶的一种人性理论。复杂人假设的核心内容可以概括为以下几点：

第一，人的工作动机不但是复杂的，而且变动很大。每个人都有许多不同的需要。人的动机结构不仅因人而异，而且同一个人的动机也会因时而异。各种动机之间交互作用而形成复杂的动机模式。

第二，一个人在组织中可以形成新的需求和动机，因此，一个人在组织中表现的动机模式是他原来的动机与组织经验交互的结果。

第三，人在不同的组织和不同的团体可能表现出不同的动机模式。在正式组织中与别人不能和谐相处的人，在非正式组织中可能是合群的，从而满足其社会需要。在某些复杂的组织中，各个部门可以利用不同的动机来实现其目标。

第四，一个人是否感到心满意足，肯为组织尽力，取决于他本身的动机结构和他同组织之间的相互关系。工作性质、本人的工作能力和技术水平、动机的强弱、人际关系的好坏，都可能对其产生影响。

第五，人可以以自己的动机、能力及工作性质对不同的管理方式做出不同的反应，因此没有一种适合任何时代、任何人的管理方式。

二、古典人力资源管理理论

（一）泰勒的科学管理理论（1903）

弗雷德里克·W. 泰勒，美国古典管理学家，主要著作有《科学管理原理》（1911）和《科学管理》（1912）。实施科学管理的结果是提高了生产效率，而高效率是雇员和雇主实现共同富裕的基础。因此，泰勒认为只有用科学化、标准化的管理替代传统的经验管理，才是实现最高工作效率的手段。

第一，进行动作研究，确定操作规程和动作规范，确定劳动时间定额，完善科学的操作方法，以提高工效。

第二，对工人进行科学选择，培训工人使用标准的操作方法，使工人在岗位上成长。

第三，制定科学的工艺流程，使机器、设备、工艺、工具、材料、工作环境尽量标准化。

第四，实行计件工资，超额劳动，超额报酬。

第五，管理和劳动分离。

科学管理理论应用的成功案例：利用甘特图表进行计划控制，创建了世界第一条福特汽车流水生产线，实现了机械化的大工业，大幅度提高了劳动生产率，出现了高效率、低成本、高投资和高利润的局面。

（二）吉尔布雷思夫妇的动作研究（1907）

弗兰克·B. 吉尔布雷思，美国动作研究之父。吉尔布雷思夫人，是美国历史上第一位心理学博士，被尊称为美国"管理学第一夫人"。吉尔布雷思的主要著作有《动作研究》《管理心理学》《疲劳研究》《时间研究》。

吉尔布雷思夫妇采用观察、记录和分析的方法进行动作研究，以确定标准工艺动作，提高生产效率。同时，他们制定了生产流程图和程序图，至今仍被广泛应用。他们主张，通过动作研究，可以开发工人的自我管理意识。他们开创了疲劳研究的先河，对保障工人健康和提高生产率的影响持续至今。

（三）韦伯的组织理论（1911）

马克思·韦伯，德国古典管理理论学家，被尊称为"组织理论之父"。主要著作有《新教伦理与资本主义精神》《一般经济史》《社会和经济组织的理论》等。韦伯认为，社会上有三种权力：一是传统权力，依传统惯例或世袭而拥有；二是超凡权力，来源于自然崇拜或追随；三是法定权力，通过法律或制度规定的权力。

对经济组织而言，应以合理合法权力为基础，这样才能保障组织连续和持久的经营目标。而规章制度是组织得以良性运作的保证，是组织中合法权力的基础。韦伯构建的理想官僚组织模式为：①组织依据合法程序产生，有明确的目标和完整的规章制度。②组织的结构是层控体系，组织中的人依据职位的高低和正式的工作职责行使职权。③人与人的关系是人对工作的关系，而不是人对人的关系。④按职位需求，公开选拔适岗人才。⑤对人员进行合理分工，并进行专业培训，以提高生产效率。⑥按职位和贡献付酬，并建立升迁奖惩制度，以提高工人的事业心和成就感。

韦伯理性地、创建性地提出了行政组织科学的组织理论和组织准则，这是他在管理思想史上最大的贡献。

（四）法约尔的一般管理理论（1916）

亨利·法约尔，法国古典管理理论学家，与韦伯、泰勒并称为西方古典管理理论的三位先驱，并被尊称为管理过程学派的开山鼻祖。其代表作是《工业管理和一般管理》。

法约尔提出了管理的五大职能说，即管理具有计划、组织、指挥、协调和控制五大职能，并提出13项管理原则，分别为劳动分工、权利与责任、纪律、统一指挥、个人利益服从整体利益、人员报酬、集中、等级制度、秩序、公平、人员稳定、创新和团队精神。法约尔的一般管理理论凝练出了管理的普遍原则，至今仍被作为企业日常管理的指南。

三、现代人力资源管理理论

（一）马斯洛的需求层次理论（1943）

亚伯拉罕·马斯洛，美国心理学家，代表作为《人类动机理论》。马斯洛1943年在《人类激励理论》一文中提出人类需求层次论学说。书中将人类需求像阶梯一样从低到高按层次分为五种，分别是生理需求、安全需求、社交需求、尊重需求和自我实现需求。

马斯洛需求层次理论可以通俗地理解为：假如一个人同时缺乏食物、安全、爱和尊重，通常对食物的需求是最强烈的，其他需要则显得不那么重要，此时人的意识几乎全被饥饿所占据，所有能量都被用来获取食物，在这种极端情况下，人生的全部意义就是吃，其他什么都不重要。只有当人从生理需要的控制下解放出来时，才可能出现更高级的、社会化程度更高的需要，如安全的需要。

（二）麦格雷戈的人性假设与管理方式理论（1960）

道格拉斯·麦格雷戈，美国著名行为科学家，代表作为《企业的人性方面》（1957），提出了著名的 X 理论和 Y 理论。麦格雷戈称传统的管理观点为 X 理论，并提出了对人性的假设条件和管理方式，他提出的相对于 X 理论的则是 Y 理论。

X 理论的观点与我国古代的性恶论十分类似，认为"人之初，性本恶"。在这一理论的指导下，必会形成严格控制的管理方式，以金钱作为激励人们努力工作的主要手段，对消极怠工的行为给予严厉惩罚，以权力或控制体系来保护组织本身和引导员工。

Y 理论的观点与我国古代的性善论十分类似，认为"人之初，性本善"。以这一理论为指导，管理的方式方法必然也会不同，管理者的重要任务不再是监督控制，而是创造使人得以发挥才能的工作环境，发挥员工的潜力，使员工在完成组织目标的同时也能实现个人目标；同时对人的激励主要是给予来自工作本身的内在激励，让员工从事具有挑战性的工作，担负更多责任，满足其自我实现的需要。

（三）赫兹伯格的双因素理论（1966）

弗雷德里克·赫兹伯格，美国行为科学家，主要著作有《工作的激励因素》《工作与人性》《管理的选择：是更有效还是更有人性》等。双因素理论是他最主要的成就。

激励因素：导致工作满意的因素；保健因素：与不满意有关的因素，与工作性质、内容、环境或条件有关。

赫兹伯格认为，能给工作带来积极态度、较多满意感和激励作用的因素多为工作内容或工作本身方面的因素，这叫作激励因素，比如成就感、同事认可、上司赏识、更多职责或更大成长空间等。能使员工感到不满意的，属于工作环境或工作关系方面的，叫作保健因素，如公司政策、管理措施、监督、人际关系、工作条件、工资福利等。保健因素的满足对员工产生的效果类似于卫生保健对身体健康所起的作用。它不是治疗性的，而是预防性的。这些因素恶化到一定水平以下时就会产生对工作的不满意。但是当员工认为这些因素很好时，它只是消除了不满意，并不会导致积极的态度，这就形成了某种既非满意又不是不满意的中间状态。管理者应该认识到保健因素是必需的，但只有激励因素才能使员工更努力地工作。对于激励因素，如果员工得到满足以后，往往会感到满意，使他们具有较高的工作积极性和主动性；当这些因素缺乏时，员工的满意度会降低或消失，但并不会出现不满意的情况。也就是说，激励因素只会产生满意，不会导致不满。

（四）威廉·大内的 Z 理论（1981）

威廉·大内是美国日裔学者，代表作为《Z 理论》。他认为，一切企业的成功离不开信任、敏感和亲密，因此完全可以以坦白、开放、沟通作为原则进行民主管理。建立 Z 型组织的过程是：

第一，培养每个人正直、善良的品行。

第二，领导者和管理者共同制定新的管理战略，明确共同的经营宗旨。

第三，通过高效协作、弹性激励措施来贯彻执行公司目标。

第四，培养管理人员的沟通技巧。

第五，稳定的雇佣制度。

第六，合理、长期的考核和晋升制度。

第七，岗位轮换，培养、扩大员工的职业发展之路。

第八，鼓励雇员、工会参与公司管理，并扩大参与领域。

第九，建立员工个人和组织的全面整体关系。

（五）彼得·圣吉的学习型组织理论（1990）

彼得·圣吉是美国"学习型组织理论"的创始人，当代最杰出的新管理大师。其代表作是《第五项修炼——学习型组织的艺术与实务》。他认为，企业持续发展的源泉是提高企业的整体竞争优势，提高整体竞争能力。未来真正出色的企业是使全体员工全心投入并善于学习、持续学习的组织——学习型组织。通过营造学习型组织的工作氛围和企业文化，引领员工不断学习，不断进步，不断调整观念，从而使组织具有长盛不衰的生命力。学习型组织的特点是：①全体成员有共同的愿望和理想。②善于不断学习。③扁平式的组织结构。④员工的自主、自觉性管理。⑤员工家庭与事业之间的平衡。⑥领导者的新角色改变为设计师、仆人和教师。

第二章 人力资源规划与工作分析

第一节 人力资源规划及程序

一、人力资源规划的基础知识

人力资源规划是人力资源管理的一项基础性工作。不断变化的内部和外部环境必然会使企业定期进行员工的流入、流出。为保证企业在需要的时候及时得到各种需要的人才，企业在发展过程中要有与其战略目标相适应的人力资源配置。人力资源规划是实现这一目的的重要手段。

（一）人力资源规划的含义理解

人力资源规划是指为了实现企业的战略目标，根据企业的人力资源现状，科学预测企业在未来环境变化中的人力资源供求状况，并制定相应的政策和措施，从而使企业的人力资源供给和需求达到平衡，并使企业和个人都获得长期利益。这一定义包括五层含义：

第一，制订人力资源规划的目的是实现企业的战略目标，保证企业的长期持续发展。在现代社会中，人力资源是企业最宝贵的资源，拥有充足数量和良好素质的人力资源是企业取得成功的关键。人力资源规划就是对企业的人力资源管理进行统筹安排，从而为企业的发展提供人力保证。也就是说，人力资源规划可以为企业配备适宜数量与质量的人力资源，提高企业的效率和效益，使企业的长期目标得以实现。

第二，搞清企业现有的人力资源状况是制订人力资源规划的基础。为实现企业的战略目标，首先要立足于开发和利用现有的人力资源。因此，企业要从人力资源的数量、质量、结构等各方面出发，对人力资源现状进行盘点，并运用科学的方法，找出现有人力资源与企业发展的差距，为人力资源规划的制订提供依据。

第三，企业制订人力资源规划的主要原因是环境的不断变化。企业外部的政治、经济、法律、技术、文化等一系列环境因素一直处于动态的变化中，并相应地会引起企业内部的战略目标不断变化，从而又会导致人力资源供求随之变化。因而，必须制订人力资源规划，对这些变化进行科学的预测和分析，以确保企业对人力资源的需求得到满足。

第四，制定必要的人力资源政策和措施是人力资源规划的主要环节。人力资源规划的制订实质上就是在人力资源供求预测的基础上制定出相应的政策和措施，以实现人力资源的供求平衡，确保企业对人力资源需求的顺利实现。

第五，人力资源规划要使企业和个人都获得长期利益。也就是说，人力资源规划在帮助企业实现战略目标的过程中，还要切实关心企业中的每个人在物质、精神和业务发展等方面的需要，为帮助他们实现个人目标创造良好条件。只有这样，才能留住企业的人才，充分调动企业中每个人的积极性、主动性和创造性，提高每个人的工作效率；才能吸引、招聘到企业所需要的人才，从而最终提高整个企业的效率，实现企业的战略目标。

（二）人力资源规划的作用及目标

1. 人力资源规划的作用体现

第一，人力资源规划是企业制定战略目标的重要依据。任何企业在制定战略目标时，首先需要考虑的是组织内拥有的以及可以挖掘的人力资源。一套切实可行的人力资源规划，有助于管理层全面、深入地了解企业内部人力资源的配置状况，进而科学、合理地确定企业的战略目标。

第二，人力资源规划是企业满足组织发展对人力资源需求的重要保障。企业内部和外部的环境是不断变化的，任何企业的生存与发展都要受到内部和外部环境的制约。在日趋激烈的市场竞争环境中，企业如果不能事先对内部的人力资源状况进行系统分析，并采取有效措施，则很可能受到人力资源不足的困扰。对普通员工的短缺，企业可以在短时间内从劳动力市场上招聘，也可以通过对现有员工进行有目的的培训以满足工作需要，但是，对于企业经营中面临的中高级管理人员和专业性较强的技术人员的短缺问题，则必须未雨绸缪。

第三，人力资源规划能使企业有效控制人工成本。企业的人工成本中最大的支出是工资，而工资总额在很大程度上取决于企业中的人员分布状况。人员分布状况是指企业中的人员在不同职务、不同级别上的数量状况。当企业处于发展初期时，低层职位的人员较多，人工成本相对便宜。随着企业的发展、人员的职位水平上升、工资的成本增加，在没有人力资源规划的情况下，未来的人工成本是未知的，难免会出现成本上升、效益下降的趋势。因此，通过人力资源规划预测未来企业发展，有计划地调整人员分布状况，把人工成本控制在合理支付范围内，是十分重要的。

第四，人力资源规划有助于满足员工需求和调动员工的积极性。人力资源规划展示企业内部未来的发展机会，能使员工充分了解自己的哪些需求可以得到满足以及满足的程度。

如果员工明确了那些可以实现的个人目标，就会去努力追求，在工作中表现出积极性、主动性、创造性；否则，在前途和利益未知的情况下，员工就会表现出干劲不足，甚至有能力的员工还会采取另谋高就的方法来实现自我价值。如果有能力的员工流失过多，就会削弱企业实力，降低员工士气，从而进一步加速员工流失，使企业的发展陷入恶性循环。

2. 人力资源规划的目标分析

一是要防止人员配置相对过剩或不足。如果拥有过多员工，组织就会因工资成本过高而损失经营效益；如果员工过少，又会由于组织不能满足现有顾客需求而导致销售收入降低。而且由于人员配置不足而不能满足现有产品或服务需求，还会导致未来顾客的流失，将潜在的顾客推到竞争对手那里。人力资源规划不仅有助于保证组织经营效益的提高，而且有助于及时满足顾客需求。

二是要保证组织在适当时间、地点有适当数量的且具有必备技能的员工。组织必须从技能、工作习惯、个性特征、招募时间等方面预计其所需要的员工类型，这样才能招聘到最合适的员工。在此基础上，对他们进行充分培训，才能使员工在组织需要的时候产生最高的工作绩效。因此，通过人力资源规划把包括技能水平、员工个人与组织的适应程度、培训、工作体系、计划需求等多种因素加以综合考虑，并将这些因素整合起来，是战略性人力资源管理的一个重要组成部分。

三是要确保组织对外部环境变化做出及时且适当的反应。人力资源规划在客观上要求决策者全面考虑外部环境中各个相关领域里的各类情形，例如，国内经济可能增长或继续停滞或收缩；本行业可能保持现状或竞争变得更加激烈或竞争态势趋缓；政府规制约束可能不变或放松或变得更加严厉；技术可能或不能进一步发展；税率和利息率的提高、降低或维持不变。人力资源规划促使组织对外部环境状态进行思索和评估，预测可能的变化，而不是对某种情况的出现做出被动反应，这将使组织总能比竞争对手先走一步。

四是为组织的人力资源活动提供了方向和工作思路。人力资源规划，一方面为其他各种人力资源职能（如人员配置、培训与开发，工作绩效测评、薪酬等）确定了方向；另一方面还能确保组织采用比较系统的观点看待人力资源管理活动，理解人力资源计划和组织战略之间的相互关系，以及某一个职能领域的变化会对另一个职能领域产生的影响。例如，一个科学的人力资源计划能够确保对员工进行培训与对员工进行工作绩效测评的一致，并且在薪酬决定中也特别考虑这些因素。

五是要将业务管理人员与职能管理人员的观点结合起来。虽然人力资源规划通常由公司人力资源部发起和进行，但它也需要组织中所有管理人员的参与协作。公司人力资源部的领导未必会比一个具体部门的负责人更了解其所负责那个领域的情况。人力资源部与业务管理人员之间的沟通是确保任何人力资源规划活动成功的基础。公司人力资源部必须帮助业务管理人员参与规划过程，但在安排他们参与规划过程的同时，也要考虑到其业务专长和既定的工作职责。

（三）人力资源规划的影响因素

影响人力资源规划的因素多种多样，总体上可以归结为两方面：

1. 企业内部因素

（1）经营目标的变化。随着时代的发展，市场需求日趋多元化，市场竞争空前激烈。企业为了保持长期、稳定的发展，需要根据外部环境的变化和自身情况的变化相应调整经营目标，而企业经营目标的改变必然会影响企业对人力资源的需求。因而，企业的人力资源规划必须做出相应调整，以适应经营目标的改变。

（2）组织形式的变化。传统的组织形式呈宝塔状，层次繁杂、人员众多，不仅影响了企业内部纵向和横向的信息传送速度和效果，而且导致企业的人际关系复杂，员工的效率低下。随着现代企业制度的建立，现代企业的组织形式逐渐向扁平化方向发展，目的在于减少中间层次的信息与资源的损耗，改善人际关系，提高员工的效率。扁平化组织形式的出现，必然会使企业对人力资源的需求相应改变，从而导致人力资源计划也应该做出调整，以支持现代化的新型组织形式，促进企业制度的合理化和不断完善，直至最终实现现代企业制度。

（3）企业高层管理人员的变化。企业的高层管理人员发生变化，一方面会使企业的经营目标发生改变，从而影响企业的人力资源规划；另一方面不同的高层管理人员对人力资源管理所持的观念和态度不同，会直接影响他们对企业人力资源管理活动的支持程度，进而影响他们对人力资源规划的重视程度。如果企业的高层管理者能够充分认识到人力资源管理在企业发展中的重要作用，并且能够认识到人力资源规划对开展人力资源管理工作的重要性，那么，人力资源规划的制订工作就能够顺利进行，而且制定出的人力资源规划也一定会很好地促进企业经营战略的制定和实施。

（4）企业员工素质的变化。随着社会的进步和人民文化水平的提高，现代企业的员工素质也有了普遍提高。企业中白领员工的比重增加，使知识工人成为企业发展的主要力量。在这种形势下，传统的人事管理体制和方法已经无法适应发展的需要，现代的人力资源开发与管理的体制和方法便应运而生，并且开始逐步取代传统的体制和方法。此时，人力资源规划作为人力资源管理的基础工作，必须做出相应调整，以保证人力资源管理活动既能适应员工素质的变化，又能促进员工素质的提高。

2. 企业外部因素

（1）劳动力市场的变化。因为劳动力市场是劳动力供给与劳动力需求相互作用的场所，所以，劳动力市场的变化，就表现为劳动力供给的变化或劳动力需求的变化。无论在劳动力市场上发生了哪一种变化，都会对企业的人力资源规划产生影响。企业对人力资源的供给和需求预测是制订人力资源规划的依据，因而，在不同的人力资源供求情况下，便会制订出不同的人力资源规划。例如，在目前的劳动力市场上，高级管理人才供给不足，因此，企业必须根据这种情况调整人力资源规划，完善员工补充计划、员工培训计划和薪酬激励计划等，力求为企业招聘到急需的人才，或培养出合格的员工，并激励他们长期为企业服务。

（2）行业发展状况的变化。行业的发展状况也会对企业的人力资源规划产生影响。例如，一些传统行业不能适应市场需求，发展前景很黯淡，因此相关企业就要考虑调整经营结构，转变经营方向，企业的人力资源规划也应该有所侧重，要着重引进或培养企业转变所需要的人才，同时还要着重解聘和安置已对企业无用的人员，降低人力资源成本。而对于一些所谓的"朝阳行业"，如高新技术行业，因为发展前景一片光明、潜力巨大，因此就应该采取不同的人力资源规划，规划的重点应该放在吸引和激励人才方面，以保证企业的持续发展。

（3）政府政策的变化。政府相关政策的制定和修改，也会影响企业的人力资源规划。例如，允许人才自由流动的政策、大学毕业生就业政策的实施，就会促使企业制订相应的人力资源规划，来扩大人力资源的招聘范围和吸引全国各地的人力资源来企业工作，为企业的持续发展提供充足的人力保证。

二、人力资源规划制订的程序及步骤

人力资源规划的制订大体可分为四个步骤：

（一）收集和研究相关信息

信息资料是制订人力资源规划的依据。在一般情况下，与人力资源规划有关的信息资料包括三个方面：

1. 经营战略

弄清企业的经营战略是制订人力资源规划的前提。企业的经营战略主要包括战略目标、产品组合、市场组合、竞争重点、经营区域、生产技术等。这些因素的不同组合会对人力资源规划提出不同的要求，因而在制订人力资源规划时，必须了解与企业经营战略有关的信息。

2. 经营环境

制订人力资源规划还受到企业外部经营环境的制约，如相关的经济、法律、人口、交通、文化、教育等环境，劳动力市场的供求状况，劳动力的择业期望等。随着知识经济时代的到来，市场变化愈加迅速，产品生命周期越来越短，消费者的偏好日趋多元化，导致企业面临的经营环境越来越难以预测，对人力资源管理工作，特别是基础性的人力资源规划提出了更高要求。如何使企业的人力资源规划既能适应经营环境变化导致的人力资源需求变化，又能克服固定人力资源框架造成人力成本过高的缺陷，已成为人力资源规划所面临的核心问题。因而，必须通过制订弹性的人力资源规划来提高企业的应变能力，为企业在未来经营环境中的生存和发展奠定坚实的基础。

3. 人力资源现状

分析企业现有的人力资源状况是制订人力资源规划的基础。要实现企业的经营战略，首先应对企业的人力资源现状进行调查研究，即对现有人力资源的数量、素质结构、使用状况、员工潜力、流动比率等进行全面统计和科学分析。在此基础上，找出现有人力资源与企业发展要求的差距，并通过充分挖掘现有的人力资源潜力来满足企业发展的需要。

（二）人力资源供求预测

在收集和研究与人力资源供求有关的信息之后，就要选择合适的预测方法，对人力资源的供求进行预测，即了解企业对各类人力资源在数量和质量上的需求，以及能满足需求的企业内、外部人力资源供给情况，得出人力资源的净需求数据。在进行供给预测时，内部供给预测是重点，外部供给预测应侧重于关键人员。人力资源供求预测具有较强的技术性，是人力资源规划中的关键部分。（详见本章第二节）

（三）制订人力资源规划

这是一项具体而细致的工作，包括制订人力资源总体规划和制订各项业务计划，并确定时间跨度。根据供求预测的不同结果，对供大于求和供不应求的情况分别采取不同的政策和措施，使人力资源达到供求平衡。同时应注意各项业务计划的相互关系，以确保它们之间的衔接与平衡。

（四）执行人力资源规划

执行人力资源规划是人力资源规划的最后一项工作，主要包括三个步骤：实施；审查与评价；反馈。

1. 实施

实施是人力资源规划执行中最重要的步骤。实施前要做好充分的准备工作，实施时应严格按照规划进行，并设置完备的监督和控制机制，以确保人力资源规划实施的顺利进行。

2. 审查与评价

当人力资源规划实施结束后，并不意味着对人力资源规划执行完毕。接下来，对人力资源进行综合的审查与评价也是必不可少的。通过审查与评价，可以调整有关人力资源方面的项目及其预算，控制人力资源成本；可以听取管理人员和员工对人力资源管理工作的意见，动员广大管理人员和员工参与人力资源管理，以利于调整人力资源规划和改进人力资源管理。在评价人力资源规划时，须注意两点：

（1）可以从以下几方面对人力资源规划的合理性进行间接判断：①人力资源规划者对问题的熟悉程度和重视程度。规划者对人力资源问题的熟悉程度越高，重视程度越高，人力资源规划的合理性就越大。②人力资源规划者与提供数据者以及使用人力资源规划的管理人员之间的工作关系。这三者之间的关系越好，制订的人力资源规划就可能越合理。③人力资源规划与相关部门进行信息交流的难易程度。信息交流越容易，越可能制订出合理的人力资源规划。④人力资源规划在管理人员心目中的地位和价值。管理人员越重视人力资源规划，人力资源规划者也就越重视人力资源规划的制订过程，制订的规划才能客观、合理。

（2）可以对人力资源规划的实施结果，即人力资源规划所带来的效益进行评价，以判断人力资源规划的合理性和有效性。在评价时可以通过以下方面的比较来鉴别：①实际招聘人数与预测需求人数的比较；②劳动生产率的实际提高水平与预测提高水平的比较；③实际的执行方案与规划的执行方案的比较；④实际的人员流动率与预测的人员流动率的比较；⑤实施行动方案后的实际结果与预测结果的比较；⑥劳动力的实际成本与预算成本的比较；⑦行动方案的实际成本与预算成本的比较。

以上项目之间的差距越小，说明人力资源规划越合理。在对人力资源规划的审查与评价过程中还要注意选择正确的方法，以保证审查与评价的客观、公正与准确。

3. 反馈

对审查与评价的结果进行及时反馈是实行人力资源规划不可缺少的步骤。通过反馈，我们可以知道原规划的不足之处，对原规划进行动态的跟踪与修改，使其更符合实际，更好地促进企业目标的实现。

第二节 人力资源供需预测

一、人力资源需求预测

（一）人力资源需求的影响因素

企业对人力资源的需求受到诸多因素的影响，其中市场对企业产品的需求是最重要、最根本的。在此基础上，其他影响因素可以被归结为两大类：

1. 企业内部的因素

（1）企业规模的变化。企业规模的变化主要包括两种情况：①当业务范围不变时，规模的扩大或缩小使企业对人力资源数量的需求随之增加或减少。②当业务范围改变时，规模的变化不仅会对人力资源需求的数量产生影响，而且会导致对人力资源的结构需求发生变化，新的业务需要掌握新技能的人员。

（2）经营方向的变化。经营方向发生变化时，企业的规模不一定改变。因此，对人力资源在数量上的需求不一定变化，但人力资源的结构要随之改变，这是因为不同的经营领域需要具有不同技能的人员。

（3）技术与管理的变化。企业内部引进新的生产技术或管理技巧，一方面，会因为劳动生产率的提高而使企业所需要的人员数量减少；另一方面，会增加对管理人员和技术人员在数量和质量上的需求。

（4）人员流动比率。人员流动比率是指出于辞职、解聘或合同期满后终止合同等原因引起的职位空缺规模。人员流动比率的大小会直接影响企业对人力资源的需求。

2. 企业外部的因素

影响人力资源需求的外部因素主要包括经济、政治、法律、技术和竞争者等。外部因素的影响多是间接的，通过内部因素而起作用。例如，经济环境的变化会影响企业的规模和经营方向，技术环境的变化会影响企业的技术水平等，从而间接影响了企业的人力资源需求。

（二）人力资源需求的预测方法

一般来说，人力资源需求的预测方法可分为定性分析预测法和定量分析预测法。

1. 定性分析预测法

（1）管理人员判断法。管理人员判断法是指企业内的管理人员凭借个人的经验和直觉，对企业未来的人力资源需求进行预测。这是一种简单的方法，主要用于短期预测。这种方法既可以单独使用，也可以与其他方法结合使用。当单独使用时，在环境变动不大和组织规模较小或缺少足够信息的情况下，能取得良好效果。当与其他方法结合使用时，常常是利用管理人员的判断对定量方法的预测结果进行必要修正。因为在某些情况下，定量方法的预测结果会与实际不符。主要有以下三种情况：①提高产品或劳务质量的决策或进入新市场的决策会影响对企业新进人员和现有人员的能力等特征的需要，这时只有数量分析是不够的。②生产技术水平的提高和管理方式的改进会减少对人力资源的需求，这在数量分析中难以反映。③企业在未来能够支配的财务资源不仅会制约新进员工的数量，也会制约新进员工的质量，因为财务资源制约着员工的薪酬水平。

（2）德尔菲法。德尔菲法来源于 20 世纪 40 年代末美国兰德公司的"思想库"，是一种专家们对影响企业发展的某一问题的看法达成一致意见的结构化方法。

德尔菲法具有以下特点：①专家参与。这里的专家是指对所研究问题有深入了解的人员，既可以是基层管理人员，也可以是高层经理；既可以是企业内部的，也可以是来自企业外部的。②匿名进行。即专家们互不见面，独立做出判断。③多次反馈。即预测过程必须经过几轮反馈，使专家们的意见互相补充、启发，并渐趋一致。④采用统计方法。即将每一轮反馈的预测结果用统计方法加以处理，做出定量判断。

德尔菲法用于人力资源预测的具体操作过程是：①确定预测目标，以问卷形式列出一系列有关人力资源预测的具体问题。②广泛选择深入了解人力资源问题的专家，并取得他们的合作。③向专家们发出问卷，请他们独立思考并书面回答。④将专家们的意见进行归纳，并将综合结果反馈给他们。⑤请专家们根据归纳的结果重新思考，允许他们修改自己的预测并说明原因。⑥重复进行第④步和第⑤步，直到专家们的意见趋于一致。⑦用文字、图表等形式发布专家们的预测结果。

德尔菲法主要用于人力资源的中长期预测，要想有效地使用该方法，应该遵循以下原则：①为专家们提供充足的信息，使他们能做出准确的预测。②所提的问题要尽量简单，以保证所有专家对问题有相同的理解。③所提的问题应该是专家能够回答的问题。④对专家的预测结果不要求精确，但要他们说明对结果的肯定程度。⑤向高层领导和专家说明预测对组织的重要性，以取得他们的支持。

2. 定量分析预测法

（1）趋势分析法。趋势分析法是指预测者根据员工数量的历史数据来确定其长期变动趋势，从而对企业未来的人力资源需求做出预测。具体做法是：把时间作为自变量，人力资源需求量作为因变量，根据历史数据，在坐标轴上绘出散点图；由图形可以直观判断应采用哪种趋势线（直线或曲线），从而建立相应的趋势方程；用最小二乘法求出方程系数，确定趋势方程；根据趋势方程便可对未来某一时间的人力资源需求进行预测。

（2）回归分析法。回归分析法是指根据数学中的回归原理对人力资源需求进行预测。其基本思路是：确定与企业中的人力资源数量和构成高度相关的因素，建立回归方程；然后根据历史数据，计算出方程系数，确定回归方程；从而只要得到了相关因素的数值，就可以对人力资源的需求量做出预测。回归模型包括一元线性回归模型、多元线性回归模型和非线性回归模型。一元线性回归是指与人力资源需求高度相关的因素只有一个。多元线性回归是指有两个或两个以上的因素与人力资源需求高度相关。如果人力资源需求与其相关因素不存在线性关系，就应该采用非线性回归模型。多元线性回归与非线性回归非常复杂，通常使用计算机来处理。一元线性回归比较简单，可以运用公式来计算。

（3）比率分析法。比率分析法是通过计算某些原因性因素和所需员工数量之间的比率来确定人力资源需求的方法。一是人员比例法。例如，某企业有 200 名生产人员和 10 名管理人员，那么生产人员与管理人员的比率就是 20，这表明 1 名管理人员管理 20 名生产人员。如果企业明年将生产人员扩大到 400 人，那么根据比率可以确定企业对管理人员的需求为 20 人，也就是要再增雇 10 名管理人员。二是生产单位／人员比例法。例如，某企业有生产工人 100 名，每日可生产 50000 单位的产品，即一名生产工人每日可生产 500 单位产品。如果企业明年要扩大产量，每日生产 100000 单位产品，根据比率可以确定需要生产工人 200 名，也就是要再增雇 100 名生产工人。

（4）任务分析法。将某部门所承担的任务分成 A、B、C 三类：A 类为日常性工作，几乎天天发生；B 类为周期性工作，如计划部门制订年度计划、财务部门发放工资等；C 类为临时性或突发性工作，具有不可预见性。然后根据过去的统计数据以及计划期内任务的变动情况，对各项任务的工作量进行估计。最后将每类中的各项任务的工作量进行加总。

（5）生产函数预测法。生产函数预测法是通过建立生产函数来预测人力资源需求的方法。常见的生产函数有考伯－道格拉斯生产函数。它假定产出水平取决于劳动力和资本两种要素的投入水平。

二、人力资源供给预测

在进行了人力资源需求预测之后，就应开始对人力资源供给进行预测，即估计在未来一段时间企业可获得人力资源的数量和类型。人力资源供给预测同人力资源需求预测一样是人力资源规划的重要环节，但它与人力资源需求预测存在重要差别：需求预测只研究企业内部需求，而供给预测则包括两方面，即企业内部人力资源供给预测和企业外部人力资源供给预测。

（一）企业内部人力资源供给预测

虽然企业人力资源供给来自企业内部和企业外部两方面，但是企业内部人力资源供给通常是企业人力资源的主要来源，所以为了满足企业未来对人力资源的需求，应该先从企业内部着手，充分挖掘现有人力资源的潜力，通过内部的人员选拔来补充未来可能出现的空缺职位或新增职位。

1. 对企业内部选拔的评价

从企业内部选拔合适的人员来满足企业的人力资源需求具有明显优势，具体如下：

从选拔的有效性和可信度来看，管理者和员工之间的信息是对称的，不存在"逆向选择"（员工为了入选而夸大长处，弱化缺点）问题或"道德风险"问题。因为内部员工的历史资料有案可查，管理者对其工作态度、素质能力以及发展潜能等方面有比较准确的认识和把握。

从企业文化角度来分析，员工与企业是在同一个目标基础上形成的共同价值观和信任感，体现了员工和企业的集体责任及整体关系。员工在企业中工作过较长一段时间，已融入企业文化之中，视企业为他们的事业和命运共同体，认同企业的价值观念和行为规范，因而对企业的忠诚度较高。

从企业的运行效率来看，现有的员工更容易被指挥和领导，易于沟通和协调，易于消除摩擦，易于贯彻执行方针、政策，易于发挥企业效能。

从激励方面来分析，内部选拔能够给员工提供一系列晋升机会，使员工与企业同步成长，容易鼓舞员工士气，形成积极进取、追求成功的氛围，以实现美好的远景。

但是，内部选拔的不足之处也是不容忽视的。例如，内部员工的竞争可能影响企业的内部团结；企业内的"近亲繁殖""长官意志"等现象，可能不利于个体创新；领导的好恶可能导致优秀人才外流或被埋没；也可能出现"裙带关系"，滋生企业中的"小帮派""小团体"，削弱企业的效能。

2. 企业内部人力资源供给预测的方法

（1）人员接续计划。人员接续计划可以预测企业中具体岗位的人力资源供给，避免人员流动带来的损失。人力资源接续计划的过程是：首先，通过工作分析，明确工作岗位对员工的要求，确定岗位需要的人数；其次，根据绩效评估和经验预测，确定哪些员工能够达到工作要求、哪些员工可以晋升、哪些员工需要培训、哪些员工需要被淘汰；最后，根据以上数据，企业就可以确定该岗位上合适的人员补充。

制订人员接续计划，可以避免企业人力资源中断的风险。企业通过人员接续计划，建立后续人才储备梯队，根据职位要求提早进行相关培训，这样既能培养后备人才，又能有效避免企业的风险。

（2）管理人员晋升计划。管理人员晋升计划是预测企业内部管理人员供给的一种简单而有效的方法。制订该计划的步骤如下：①确定管理人员晋升计划包括的管理岗位。②确定各个管理岗位上的可能接替人选。③评价接替人员的当前绩效和提升潜力。根据评价结果，当前绩效可划分为"优秀""令人满意"和"有待改进"三个级别；提升潜力可划分为"可以提升""需要培训"和"有问题"三个级别。④确定职业发展需要，并将个人目标与企业目标结合起来。

通过管理人员晋升计划，可以优先提拔、培养企业的内部人员，为企业的内部人才提供良好的发展平台，同时也能确保企业有足够合格的管理人员供给，为企业的持久发展提供保障。

（3）马尔可夫模型。马尔可夫模型是一种定量分析预测企业内部人力资源供给的方法。它是根据企业内某项工作的人员转移的历史数据，来计算未来某一时期该项工作的人员转移的概率，即人员转移概率的历史平均值，从而预测企业内该项工作的人力资源供给。

（二）企业外部人力资源供给预测

通常，企业内部的人力资源供给是无法满足企业对人力资源的需求的，企业需要不断从外部招聘候选人。因而对企业外部的人力资源供给进行预测就成为一项十分重要的工作。

1. 对外部招聘的评价

虽然从外部招聘人力资源只是从内部选拔人力资源来满足企业对人力资源需求的一个补充方法。但是，外部招聘也有很多独特的优势，具体如下：

第一，新员工会带来不同的价值观以及新观点、新思路、新方法。外聘优秀的技术人才、营销专家和管理专家，他们将带给组织的"技术知识""客户群体""管理技能"等，往往都是无法从书本上直接学到的。

第二，外聘人才可以在无形中给企业原有员工施加压力，使其形成危机意识，以激发出斗志和潜能，共同促进企业的发展。

第三，外部挑选的余地很大，使企业能招聘到许多优秀人才，尤其是一些稀缺的复合型人才，这样还可以节省大量内部培养和培训人才的费用，并促进合理的、社会化的人才流动。

第四，外部招聘也是一种有效的信息交流方式，企业可以借此树立积极改革、锐意进取的良好形象。

当然，外部招聘也不可避免地存在不足。例如，信息不对称，往往造成筛选难度大、成本高，甚至出现"逆向选择"；外聘的员工需要花费较长时间来进行培训和定位；可能挫伤有上进心的内部员工的积极性和自信心；可能引发内、外部员工的冲突等。

2. 影响企业外部人力资源供给的因素

影响企业外部人力资源供给的因素是多种多样的，在进行人力资源外部供给预测时应考虑以下几个方面：

（1）宏观经济形势。宏观经济形势越好，失业率越低，劳动力供给越紧张，企业招聘越困难；宏观经济形势越差，失业率越高，劳动力供给越充足，企业招聘越容易。

（2）人口状况。人口状况是影响企业外部人力资源供给的重要因素，主要包括：①人口总量和人力资源率。它们决定了人力资源供给总量。人口总量越大，人力资源率越高，则人力资源供给越充足。②人力资源的总体构成。它主要包括人力资源的年龄、性别、教育、技能、经验等。这决定了在不同层次与类别上可以提供的人力资源的数量与质量。

（3）劳动力市场的状况。劳动力市场，是指劳动力供应和劳动力需求相互作用的市场，即员工寻找工作、雇主寻找雇员的场所。它主要从以下六个方面来影响人力资源的供给：①劳动力供应的数量。②劳动力供应的质量。③劳动力的职业选择。④当地经济发展的现状与前景。⑤雇主提供的工作岗位数量与层次。⑥雇主提供的工作地点、工资、福利等。

（4）政府的政策法规。政府的政策法规是影响企业外部人力资源供给不可忽视的一个因素。各地政府为了各自经济的发展，为了保护本地劳动力的就业机会，都会颁布一些相关的政策法规。例如，防止外地劳动力盲目进入本地劳动力市场；不准歧视妇女就业；保护残疾人就业；严禁童工就业；员工安全保护法规；从事危险工种保护条例等。

第三节　工作分析基础及其方法

一、工作分析的内涵阐释

工作分析，通常又称为职务分析或职位分析，是对组织中某一特定工作岗位或职务的任务、职责、权利、隶属关系、工作条件等相关信息进行收集与分析，并对该职务的工作做出明确规定，且确定完成该工作所需的行为、条件、人员的过程。

（一）工作分析的基本内容

工作分析包括职务描述和任职者说明两方面的基本内容。

1. 职务描述

职务描述又称工作描述，是对获取职务要素信息、概括职务特征的直接分析。一般来说，职务描述包括以下主要内容：

（1）工作基本资料。包括工作名称、所属部门、对应岗位等级、薪资水平、所辖人员、定员人数、工作性质等。

（2）工作详细说明。包括工作概述、工作职责、工作权限、所使用的原材料和设备、工作流程、工作结果、工作环境、与其他工作的关系等。工作详细说明是职务描述的主体内容。

此外，在职务描述时，还可能对工作时数、工资结构、支付工资的方法、福利待遇、该工作在组织中的正式位置、晋升机会、培训机会等情况进行说明。

2. 任职者说明

任职者说明主要说明从事某项工作的人员必须具备的能力、资质和其他特性的要求。主要包括以下内容：

（1）资历要求。主要包括任职者所需的最低学历，职位所需的性别、年龄的规定，任职者所接受培训的内容和时间、从事与本职相关工作的年限和经验等。

（2）心理要求。主要包括职位要求的相关技能，任职者的性格、气质、兴趣、工作态度、敬业精神、事业心、合作性等。

（3）生理要求。主要包括健康状况、体能要求、视力等。

（二）工作分析的任务及相关术语

1. 工作分析的任务

工作分析所要回答的基本问题可以概括为七个方面，即国外的人事心理学家提出的6W+1H模式。

What——做什么："做什么"指的是任职者所从事的工作活动。主要包括工作活动的内容、结果以及衡量结果的标准。

Why——为什么："为什么"表示的是任职者的工作目的，换言之也就是该项工作对组织的作用。主要包括工作的目的、与其他工作的联系以及对其他工作的影响。

Who——用谁："用谁"是指对任职者的要求。主要包括身体素质、知识和技能、接受教育的背景、工作经验、个性特征以及其他方面的要求。

When——何时："何时"是对工作活动的时间要求。主要包括工作的起始时间、固定时间还是间隔时间以及工作的时间间隔。

Where——在哪里："在哪里"表示对工作活动的环境规定。包括工作的自然环境和社会环境两方面。自然环境包括地点（室内还是户外）、温度、光线、噪声安全条件等；社会环境主要包括工作所处的文化环境、工作群体、完成工作所需的人际交往的数量和程度、环境的稳定性等。

For Whom——为谁："为谁"是指工作中与哪些人发生关系，以及发生什么样的关系。主要包括向谁请示报告、向谁提供工作信息和工作结果、可以对谁实施指挥和监控等。

How——如何做："如何做"表示任职者应该如何从事工作活动。主要包括工作活动的程序或流程、使用的工具、操作的机器设备、涉及的文件和记录、重点的和关键的环节等。

2. 工作分析中的相关术语

在进行工作分析时，经常会使用一些专业术语，有时这些术语的含义与人们的日常理解不尽相同，准确理解并掌握它们的含义，对于科学、有效地进行工作分析是十分必要的。

（1）行动。行动也称工作要素，是指工作中不能继续再分解的最小动作单位。例如，酒店负责接待客人的服务员，在客人刚到酒店时要帮助客人运送行李。运送行李的工作任务中包含四个工作要素：将行李搬运到行李推车上、推动行李推车、打开客房的行李架、将行李搬运到行李架上。

（2）任务。任务也称工作任务，指的是工作中为了达到某种目的而进行的一系列活动。任务可以由一个或多个工作要素所组成。例如，生产线上的工人给瓶子贴标签，此项任务只有一个工作要素；上面提到的运送行李的工作任务，由四个工作要素组成。

（3）责任。责任也称工作职责或工作责任，指的是任职者为实现一定的组织职能或完成工作使命而进行的一个或一系列工作任务。例如，营销部的经理要实现新产品推广的责任，必须完成一系列工作任务，包括制定新产品推广的策略、组织新产品推广活动、培训新产品推广人员等。

（4）职位。职位也称岗位，一组重要责任、任务的任职者所对应的位置就是职位。一般来说，有多少职位就有多少任职者。职位是以工作为中心而确定的，强调的是人所担任的岗位，而不是担任这个岗位的人。例如办公室主任同时担任人力调配、文书管理、日常行政事务处理等职责。职位一般与职员一一对应，一个职位即一个人。每个职位都有它特定的要求和报酬。工作分析就是用于分析和认识这些要求的程序。

（5）职系。职系也称职种，指的是工作性质大体相似，但难易程度、工作责任不同的一系列职位的集合。每个职系是一个职位升迁的系统。例如财务会计、生产管理、市场营销、人事行政等属于不同的职系。

（6）职级。职级指的是同一职系中职责大小、难易程度和任职资格相似的职位的集合。职级的职位数量并不相同，少至一个，多至数个。职级是同一序列职位在级别上的区分，例如销售代表职位可分为普通销售代表、中级销售代表、高级销售代表三个职级。

（7）职等。职等指的是在不同职系之间职责轻重、工作繁简复杂情况和任职资格条件充分相同的集合。例如各部门经理（财务经理、销售经理、人力资源经理等）属于同一职等。职等是针对职位的等级划分，各个序列下的职位依据职等进行横向比较。

（8）职业。职业指的是在不同时期、不同的组织中从事相似活动的一系列职务。例如教师、工程师、工人、司机、会计等属于职业。

（三）工作分析的作用和时机

1. 工作分析的主要作用

工作分析是人力资源管理工作的基础和起点，通过工作分析，能够使管理者和员工了解工作岗位的职责范围和需要完成的任务，明确工作流程，明确组织内上级和下级的隶属关系，为提高工作效率提供保障。具体来说，工作分析对人力资源工作发挥了以下方面的作用：

第一，增强人力资源规划的准确性和有效性。组织对各部门的工作职位安排和人员配备都必须有一个合理规划，以确保组织内所有任务的合理安排和每个岗位之间的有效衔接。为此，必须准确而有效地预测组织在某一个时间节点上所需要的人员数量、种类和要求，以及组织在该时间节点上能够从内部满足的人力资源供给。人力资源规划过程中的这一类工作必须通过工作分析来完成。

第二，有助于人员的招聘、甄选和任用。组织在进行招聘工作时，需要对拟招聘岗位的职责和内容进行标准界定，也需要明确任职者的资格和要求。工作分析能够明确组织各个工作岗位的近期和长期的目标、阐明工作任务的静态和动态特点，并进而提出对工作者的任职要求。这样，人力资源管理的招聘、甄选和任用工作就有了明确而有效的标准，组织就可以确定选人和用人的标准，并通过相关的测评和考核来选拔和任用符合工作需要和岗位要求的合格人员。

第三，为员工培训和开发提供客观依据。培训工作必须符合有效性和低成本的要求，培训的内容、方法必须与工作内容、岗位所需要的工作能力和操作技能相关。工作分析，可以明确任职者必备的技能、知识和各种心理条件的要求。按照工作分析的结果，准确进行培训需求分析，并根据实际工作的要求和所聘用人员的不同情况，有针对性地安排培训内容、选择培训的方式和方法，就可以大大降低培训工作的成本，提高培训工作的绩效。

第四，有助于员工的职业生涯发展。从员工职业生涯规划的角度来看，为了满足员工在组织中成长、发展的需要，工作分析可以为员工的职业咨询和职业指导提供可靠和有效的信息，为员工在组织内的发展指明合适的职业发展路径。

第五，为绩效管理提供客观的评价标准。根据工作分析的结果，可以制定各项工作的客观标准和考核依据，既为员工的工作指明努力的方向，又为组织的绩效管理提供员工工作业绩的评定标准，从而可以保证绩效管理的公平、公正、公开。

第六，保证薪酬的内部公平性。工作分析是组织建立合理报酬制度的重要依据。工资奖励制度是与工作定额和技术等级标准密切相关的，通过工作分析，建立了评定工作定额和技术等级的标准，并能够从工作责任、所需技能等几方面对岗位和职务的相对值进行确定，从而使组织的薪酬政策有一个明确的、可解释的基础，使工资的发放有了可参考的依据，保证了薪酬的内部公平。

2. 工作分析的时机

工作分析是人力资源管理的一项常规性工作，要根据组织的战略、工作目标、工作流程以及环境的变化对工作做出相应调整。一般来说，有下列几种情况最需要进行工作分析：

第一，创建新的组织。对于新成立的组织要进行工作分析，这样可以为后续的人力资源管理工作打下基础。由于组织新成立，许多职位还是空缺，工作分析应该根据组织结构、经营发展计划等信息来进行，最迫切需要分析的是人员招聘方面，分析结果能够为组织招聘人员提供"职位职责""任职资格"等方面的说明，更为详细的分析可以在组织运行发展一段时间以后再进行。

第二，组织战略调整。一个组织在发展过程中必然会因内外环境的变化而导致组织战略的调整，从而会使组织的工作内容、工作性质发生相应变化，这些变化又会引起组织业务、组织结构或者组织人员数量的变化，这就需要组织根据变化的情况对工作进行重新分析。

第三，组织创新。当组织面临重大创新，比如技术革新、流程再造、新的管理制度和管理规范的制定等，都需要重新定岗、定员，以便使工作分析适应组织变革的要求。

二、工作分析的一般程序

工作分析是对组织内部各项工作系统分析的过程，一般可以分为三个基本阶段：前期准备阶段、收集分析阶段和结果整合阶段。这三个阶段彼此衔接，相互联系，相互影响。

（一）前期准备阶段

准备阶段的工作越详细周密，工作分析工作便越可能顺利进行。

一般来说，准备阶段的主要工作包括以下内容：

1. 了解工作职务的特征

工作分析的最初工作是围绕了解职务的基本特征而开展的背景资料收集。对工作分析有参考价值的背景资料主要包括：

（1）国家职业分类标准和国际职业分类标准。我国的职业分类大典将职业分为大类、中类、小类和细类四个层次，每一个层次都有不同的划分原则和方法。大类层次的职业分类依据工作性质的同一性，并考虑相应的能力水平进行分类，共 8 个大类；中类层次职业共 66 类，是在大类的范围内，根据工作任务和分工的同一性进行分类的；小类层次的职业共 413 类，是在中类的范围内，按照工作环境、功能及其相互关系的同一性进行分类的；细类层次的职业共 1838 类，细类职业分类即为职业的划分和归类，是在小类的基础上按照工作分析的方法，根据工艺技术、对象、操作流程和方法的相似同一性进行分类的。

在工作分析的准备阶段，对于一般的职务，工作分析人员可以查阅职业分类词典，找到类似的职位描述，职业分类辞典中的职位描述并不是针对某一个具体组织中的职位的。同时，每一个职务的环境都是不一样的，在不同的环境中，同一个职务的工作特性都会有所不同。工作分析人员应该根据组织自身的实际情况做出分析，现有的资料只能作为参考。

在国际劳工组织 1958 年制定的《国际标准职业分类》中，共有 8 个大类、83 个小类、284 个细类、1506 个职业项目，为各国编制或修订职业分类提供了一个样本。但其分类标准已经相对过时，参考价值有限。一些发达国家编撰的职业分类词典，通常几年就更新一次，并提供了详细的和标准化的工作内容、工作任务描述，相对来说，参考价值较高。

（2）行业或职业协会的有关资料。除非全新的职务，否则一般总能够收集到以前人们进行过的职务分析资料。行业或职业协会常常会保存这方面的资料，劳动和人事部门以及同行业的组织也会保存这方面的资料，这些资料往往是工作分析人员审查并重新编写工作说明书的起点。

（3）组织中的有关资料。工作分析所需要的组织方面的相关资料主要包括：

第一，组织结构图。组织结构图描述了组织中各个组成部分之间的相互关系，可以反映当前的工作与组织中其他工作的关系及其在组织中的地位。组织结构图确定了每一个职位的名称、权限关系、信息沟通与交流的方式。

第二，工艺流程图。工艺流程图是对组织结构图有关信息的详尽补充，通过工艺流程图，工作分析人员可以比较好地了解工作部门或职位之间的动态联系。

第三，部门职能说明书。组织中的各个职能部门说明书规定了每一个部门的使命和职能，有助于工作分析人员将职能部门的职能全面有效地分解到部门内的各个职位上去。

2. 工作分析人员的选择

（1）成立工作分析小组

工作分析的准备阶段，应该成立专门的工作分析小组。工作分析小组成员通常包括进行策划和提供技术支持的专家、具体实施操作的专业人员以及负责联络协调的人员。小组成员应该被赋予进行工作分析的权限，以保证分析工作顺利有效地进行。

在选择工作分析人员时，首先要考虑的是聘请外部工作分析专家，还是由组织内部的专业人员来进行，两种选择各有优缺点。

第一，外部专家。聘请外部专家的优点是：外部专家来自组织外部的专业机构，他们通常经过专业的训练，能够系统地收集和分析工作信息；外部专家作为组织外部人员，对组织问题的分析更加客观、可信；外部专家往往具有在不同组织中实施工作分析的丰富经验。当然，外部专家对组织的具体工作业务缺乏全面深入的了解，他们将花费大量时间去熟悉和研究工作业务，这可能影响工作分析的进程。同时，聘请外部专家会增加各方面的费用。另外，外部专家进行调查时，被调查者的合作性可能较差。

第二，组织内部专业人员。组织内部的专业人员通常来自人力资源管理部门或业务流程部门。从组织内部选择工作分析人员时应该充分考查工作分析人员的条件。一般来说，工作分析人员应该具备的条件包括：具备人事管理和心理学方面的知识；了解工作分析的技术和程序；具有观察、面谈、记录、分析等方面的能力和技巧；具有包容性，能够获得他人的信赖和合作。

（2）工作分析涉及的其他人员

为建立组织的工作分析系统，需要得到组织方方面面的合作，其中，组织高层领导的重视是非常关键的。此外，工作任职者及其上级主管对工作信息的收集工作的支持也是必不可少的。

第一，工作任职者。工作任职者最了解工作的内容，有可能提供真实、完整、可靠的工作信息。当某个职位上的任职者数量较少时，一般使用所有符合要求的任职者收集工作信息；当某个职位上的任职者数量较多时，需要对符合要求的任职者进行抽样，保证样本的有效性。

第二，任职者的上级主管。作为上级主管，他们有机会观察任职者，能够客观地提供工作信息。他们往往倾向于从任职者"应该如何做"的角度而不是"实际如何做"的角度来描述任职者工作，因此，工作分析人员需要对他们所提供的信息进行鉴别。任职者的上级主管通常并不是主要的工作信息的来源，工作分析人员需要他们对已经收集来的工作信息进行检查与佐证。

3. 工作分析计划的制订

在准备阶段，工作分析人员还应该制订一个详细的计划方案，用以指导具体的分析工作。计划方案通常包括以下内容：

（1）界定分析对象和抽样方法。计划方案要说明分析工作职务的范围、它们的规范名称及非正式称谓，还要界定所要收集的信息类型和内容，界定抽样规模和抽样方法。

（2）确定信息收集的方法。计划方案应该说明所采用的具体分析方法、所使用的分析仪器、设备及其他辅助工具，还应该说明工作描述数据的统计分析方法。

（3）确定工作分析的步骤和起止时间。计划方案还必须确定工作分析的步骤，规定各项工作的起始时间和完成时间。应该选择各种工作活动最典型、最稳定的时期进行分析，对不同工作的分析应尽可能地集中在同一时间进行，实际分析时间应尽可能集中。

（4）意外事件的处理措施。计划方案还应该提出各种可能发生的意外事件的处理措施。如，部分样本损失时应该如何补救，原定的分析方法不适应分析要求时应该采取哪些替代方法，仪器设备发生故障时的应变措施等。

（二）收集分析阶段

这一阶段是工作分析的具体实施阶段，包括实际收集与分析整理两个环节。

1. 实际收集

这一个环节是工作分析人员运用计划所确定的信息收集方法对所需的信息内容和信息类型进行收集的过程。工作分析的性质、目的和用途，决定了所要收集信息的内容和类型。工作信息主要包括：

（1）工作活动。这方面的信息主要是指任职者必须进行的与工作有关的具体活动，一般包括具体的工作时间、具体的工作事项和工作方式以及与他人交往的活动。

（2）工作标准。这方面的信息主要涉及对任职者进行评价的各种标准，如完成工作的时间、工作质量、工作标准、工作误差分析等。

（3）所使用的机器、工具、设备和辅助工作。这方面的信息主要是指为完成工作所采用的机器、工具、设备和所需要提供的辅助性工作，工作的辅助条件如所涉及的专业知识、加工的原材料以及所需的咨询和维护等方面的劳务。

（4）工作环境。工作环境方面的信息涉及的是任职者的工作环境和工作背景，包括时空环境，如工作的物理环境、工作的日程安排；也包括任职者所处的组织环境和社会环境；此外，还包括组织对任职者的各种激励措施，如经济性激励和非经济性的激励。

（5）定位于人的活动。这方面的信息主要涉及任职者的行动，如有关身体动作的要求和沟通、基本的动作、体力的消耗等，以及工作本身对任职者接受教育背景的要求（如教育程度、专业要求、培训等）和素质要求（如思想品质素质、知识素质、能力素质、心理素质等）。素质要求既要考虑职业的要求，也要考虑工作岗位的要求；另外，一些特殊的工作对工作者的个性或体能有特殊要求，不能一概而论。

2. 整理和分析

对所收集的信息必须进行整理和分析，通过整理和创造性分析，发现有关工作和任职者的关键信息，进而归纳、总结出工作分析所需要的材料和要素，使之成为可以使用的管理文件。整理分析的主要方法是鉴别和整序。鉴别是对工作信息的准确性、真实性和可行性进行分析，判断其误差的大小，以保证信息的真实可靠。鉴别的主要方法有核对、佐证、逻辑分析和复查。整序是把收集来的众多信息按照一定的标准和要求进行归类整理，整序的主要方法是分类法。

（三）结果整合阶段

工作分析的最终结果要整理成书面文件，即工作说明书和工作规范，以便在日后的人力资源管理中使用。这种书面文件通常有文字说明和图表说明两种形式。

三、工作分析的常用方法

工作分析方法大致上可以分为定性方法和定量方法两大类。在工作分析中经常运用的定性方法主要有观察法、访谈法、工作日志法、问卷法和关键事件法；属于定量方法的有PAQ法和MPDQ法。每一种方法都有固有的长处和缺陷以及各自不同的适用条件，因此在实际的工作分析中，针对不同的工作分析的目的，可以有选择地采用某一种方法，或者将几种不同的方法综合起来运用。本书主要介绍定性分析的方法，因为这类方法在工作分析中应用广泛。

（一）观察法

观察法是工作分析人员通过对职务活动绩效系统观察而获取职务要素信息的方法，通过系统观察，收集有关工作内容、工作间的相互关系、人与工作的关系以及工作环境、条件等方面的信息，并用文字和图表的形式记录下来，进行分析、归纳和总结。

1. 观察法的优缺点

（1）观察法的优点

第一，全面性。观察法要求工作分析人员对各种有代表性的作业活动做普遍观察，因此，通过观察，工作分析人员能够比较全面地了解工作要求。观察法特别适用于那些主要运用体力活动来完成的工作。

第二，手段多样，效率较高。在观察分析中，工作分析人员可以深入工作现场，借助于感官对某些特定对象的作业活动进行直接观察，观察人员还可以借助于各种测量仪器和记录设备，比如声级计、照度计、照相机、录音机、摄像机等，进行观察，以提高观察的精确度和效率。

（2）观察法的缺点

观察法经常使用的是动作研究和时间研究，通常只能用于分析存在大量重复而且操作重复期较短的体力操作，因此它的局限性也十分明显。

第一，适用范围具有一定的局限性。适合于以外显动作为主的职务，对于脑力劳动成分比较高的职务，效用不大；适合于活动范围不大的职务，对于职务活动范围很大的职务，分析工作所消耗的人力、物力和时间较大，难度也较大；对于在一些特设环境中活动的职务，难以运用观察法进行分析。

第二，难以获得任职者的合作。对一些任职者来说，会产生心理抗拒，他们会觉得自己受到监视或威胁，同时，也可能造成动作变形。

第三，难以得到有关任职者资格要求的信息。

2. 观察法运用的注意事项

第一，注意工作样本的代表性。使用观察法时，工作分析者观察正在工作的一个或者几个人，并且对观察结果进行记录，包括做了什么、怎么做的、用了多长时间、工作环境如何和使用了哪些工具等内容。因此，工作样本的代表性将直接影响工作分析的结果。

第二，观察前要制定详细的观察提纲。要事先确定观察内容、观察时刻、观察的位置等。观察内容要全面，如工作的目标、任务、使用设备、工作时间、上下级关系、体能要求、工作环境等；观察时刻可选用瞬时观察和定时观察；观察位置的选择要确保能够观察到对象的全部行为而又不至于影响对象的正常工作。

第三，充分考虑任职者的心理反应。观察者在场对于任职者会产生一定的心理影响，可能引起任职者形形色色的反应，如紧张、分心、预警、扮伪等，从而影响观察结果的真实性。为了能够观察和记录到真实、自然的工作活动信息，工作分析人员既可以采取隐蔽的措施，也可以采取开诚布公的态度。隐蔽的措施主要是隐蔽观察的意图或者观察者的身份，以消除任职者的预警心理和扮伪策略；开诚布公的态度是事先明确观察分析的意图和意义，以求得任职者的真诚合作。

第四，观察和思考相结合。由于上述心理因素的影响，不能过高估计观察所得到的信息的准确性。即使是物理测量，其精确性也并不等于观察结果的准确性，不能过于迷信物理测量的手段。所以，工作分析者应将观察和思考结合起来，避免机械记录，应对工作信息进行比较和提炼，以提高观察的准确性。

（二）访谈法

访谈法是工作分析人员通过面对面询问而获取工作要素信息的方法，主要用于确定工作任务和责任等方面的内容。访谈的对象可以是任职者本人，也可以是专家和主管人员；访谈的形式可以是个别访谈，也可以是群体座谈；访谈的程序可以是标准化的，也可以是非标准化的。

1. 访谈法的优缺点

（1）访谈法的优点

一是具体准确。一般来说，任职者对于自己工作的特征最为熟悉，也最有发言权，由任职者本人描述工作内容，具体而准确。

二是双向沟通。访谈法是一种双向沟通，便于向任职者解释工作分析的必要性和功能，同时也有助于与任职者沟通，消除其工作压力。

三是详细深入。访谈过程如果能够得到访谈对象的合作，可以对工作者的工作态度与工作动机等深层次的信息有比较详细和深入的了解。

（2）访谈法的缺点

第一，信息可能是扭曲的，可信度不够高。

第二，技巧性高。访谈者的技巧，直接关系到访谈的效果。访谈员要有多方面的知识和能力，需要经过专门训练。

第三，工作成本高。访谈法比较费时，工作成本较高。

第四，对访谈结果的整理和分析比较困难。

2. 访谈法的运用过程

访谈的实施大致包括访谈准备、进入访问、提问、记录和整理资料等方面的工作。

（1）访谈准备。访谈准备工作是非常具体的，主要是确定访问方法和访问对象。为了保证访谈的效率与信度，一般宜采用结构式的访谈法，为此，事先应拟定一个结构合理、比较标准化的问题表，内容应该涵盖所有的工作要素。在确定访谈对象时要注意人数要适当，对象要有代表性。

（2）进入访问。工作分析人员在进入访谈时，首先要做一个指导性的发言，说明研究的意图以及对管理、对任职者的意义。

（3）提问。提问是访谈的关键，提问时应该注意问题的内容和提问的方式。①问题的内容。问题应该与工作分析的目的相关，不应该超出任职者的知识经验范围，不应该涉及任职者的个人隐私。②提问的方式。表达要清楚，含义要准确；语言要浅显，避免生僻的专业性术语；不应带有暗示性和倾向性；避免发表个人观点和看法。除非任职者偏离正题或者表达不准确，工作分析人员一般不要加以干预和评论；不要与被访者争论，更不要偏离访谈的中心；当访谈对象的回答含糊不清、前后矛盾或回答不够完整时，应进行适当的追问。

（4）记录和整理资料。在访谈法中，信息资料是由访问者记录得来的。访问记录的方式分为当场记录和事后记录两类。访问法的后续工作是整理访问所得的资料，并在整理记录资料的基础上进行系统分析。

一般来说，访谈法往往用于任职人数较少同时又非常重要的职务，如主管领导等。访谈法经常要与问卷法结合起来运用，尤其是对于问卷中不易获得信息或者需要进一步核实的信息，通过访谈法可以获得更深层次的信息内容。

（三）问卷法

1. 问卷法的优缺点

（1）问卷法的优点

第一，适用范围大，调查对象广泛。适用于对一切职务的调查分析，当同时对很多工作者进行调查时，速度快、时效性强。

第二，形式多样。问卷的形式是多种多样的，既有适合于各种工作职务的问卷，也有针对某一特定工作职务的问卷；既有标准化的问卷，也有非标准化的问卷；既有结构性的问卷，也有非结构性的问卷。

第三，便于定量分析。可以借助于计算机对调查结果进行数据处理，便于对调查结果的定量分析。

（2）问卷法的缺点

第一，技术性要求较高。问卷涉及对问卷的总体框架、问题的形式、问卷的语句和答案的设计，技术性要求较高，设计所花费的时间、人力和物力较多。

第二，如果要求被调查者单独填表，被调查者可能不积极配合，同时缺乏必要的指导和沟通。

第三，问卷的回收工作较为困难。

2. 完整的问卷结构

问卷方法的关键问题是问卷的设计。问卷设计首先涉及问卷的结构，一份完整的问卷结构包括：

（1）封面信。即一封给被调查者的短信。在封面信中，首先要说明调查者的身份（调查者的身份也可以通过落款来说明）；其次要说明调查的内容和调查的目的（通常用一句话指出其内容范围）；在信的结尾处，一定要真诚地感谢被调查者的合作与帮助等。

（2）指导语。指导语集中在封面信之后，并标明"填写说明"的标题，其作用是对填写问卷的方法、要求、注意事项等做出总体说明。

（3）问题和答案。问题和答案是问卷的主体，从问题的形式看，可以分为开放式问题和封闭式问题两类。开放式问题就是不为回答者提供具体答案，而由回答者自由填写答案的问题；封闭式问题是在提出问题的同时给出若干答案，要求被调查者做出选择。

（4）编码及其他资料。在较大规模的统计调查中，常常采用以封闭式问题为主的问卷。为了将被调查者的回答转换成数字，以便输入计算机进行处理和定量分析，往往需要对回答结果进行编码。所谓编码就是赋予每一个问题及其答案一个数字作为它的代码。在实际调查中，研究者大多数采用预编码，一般放在问卷每一页的最右边，有时还可以用一条纵线将它与问题及答案部分分开。除了编码以外，有些采访问卷还需要在封面上印上访问员的姓名、访问日期、审核员姓名、被调查者住地等有关资料。

3. 问卷设计的关键：问题设计

问卷设计的关键是问题的设计，包括问题题干和问题答案的设计。

（1）问题题干的设计

一是概念准确。语句中所运用的概念要准确具体，尽量避免使用抽象的概念或一词多义的概念，杜绝使用造成调查者与被调查对象之间产生歧义的概念，以免造成对同一概念做不同的理解。

二是语言简洁、语句简短。

三是避免双重含义，即避免在一个问题中同时询问两件事。

四是避免倾向性和诱导性，即避免因问题本身含某种倾向而引导了被调查者回答方向。

五是注意问题的顺序。一般可以按照以下原则确定问题之间的相互次序：把被调查者熟悉的问题放在前面，比较生疏的问题放在后面；把简单易答的问题放在前面，较难回答的问题放在后面；按照时间先后、从外部到内部、从上级到下级等逻辑顺序排列；先问宽泛的、一般性的问题，后问与职位相关性很强的问题；开放式问题放在问卷的最后。为了便于对问卷调查资料的统计，问卷常常以封闭式问题为主。同时在最后附有一到两个开放式问题，以收集定性的、丰富多彩的资料，同时也便于在问卷分析以后进行重点的访谈分析。

（2）问题答案的设计

第一，答案要具有穷尽性。所谓穷尽性是指答案应包括所有可能的情况，若所列答案不能穷尽所有项目，可在所列的若干答案后面加上"其他"类。如果一项调查结果中，选择"其他"一栏的人数相当多，说明答案的分类不恰当。

第二，答案要具有互斥性。所谓互斥性是指答案相互之间不能重叠或互相包含。如果一个回答者可以同时选择属于某一问题的两个或更多答案，那么，这一问题的答案就一定不是互斥的。要做到互斥有两种方法：一种是标准统一；另一种是针对比较复杂或抽象的问题进行同层次分类。

第三，确定答案的测量档次。应按不同次序排列问题的答案，对于可以做数量加减计算的答案，应注意答案各档次间距不宜太宽，且各档次的间距要尽量相等，数字之间要衔接吻合，注意排除重叠和中断。

（四）工作日志法

工作日志法是由任职者按时间顺序，详细记录自己在一段时间内的工作内容与工作过程，经过归纳、分析，达到工作分析的目的一种工作分析法。日志的形式可以是不固定的，也可以由组织提供统一的格式。

工作日志法是在完成工作以后逐日即时记录的，具有详尽性的优点。同时通过工作日志法所获得的工作信息可靠性很高，往往适用于确定有关工作职责、工作内容、工作关系、劳动强度方面的信息，因此工作日志法又具可靠性的优点。

由于工作日志法是由工作任职者自行填写的，信息失真的可能性较大，任职者可能因更注重工作过程，而对工作结果的关心程度不够。运用这种方法进行工作分析对任职者的要求较高，任职者必须完全了解工作职务的情况和要求。另外，这种方法的信息整理工作量大，归纳工作烦琐。

一般来说，在用于工作分析时，工作日志法很少作为唯一的、主要的信息收集技术，常常要与其他方法相结合。实际工作中，工作分析人员通常会将组织已有的工作日志作为问卷设计、准备访谈或者对某一项工作做初步了解的文献资料来源。

（五）关键事件法

所谓关键事件，就是对工作绩效有重要意义的职务背景关系及相应的行为。关键事件法是对完成工作的关键行为进行记录，并选择其中最重要的和最关键的部分进行评定的方法。关键事件法要求对给岗位工作任务造成显著影响的事件进行归纳分类，从而形成对工作岗位的全面了解。

1. 关键事件的描述内容

关键事件的描述应该包括的内容主要有以下几点：

（1）该事件发生的背景和原因。

（2）工作者有效的或多余的行为。

（3）关键行为的后果能否被认知。

（4）工作者控制上述行为的能力。

2. 关键事件法的优缺点

（1）关键事件法的优点

第一，能够识别提高员工绩效的关键性因素。关键事件法能够反映工作者特别有效的工作行为和特别无效的工作行为，从而能够更好地确定每一行为的利益和作用。

第二，适用于工作周期较长以及工作者的行为对组织任务的完成具有重要影响的情况，能够作为人力资源主管部门对工作绩效评估与工作训练时的参考。

第三，建立的工作行为标准准确。关键事件法要求工作分析人员、管理人员、本岗位工作人员，将工作中的"关键事件"在进行时详细地加以记录，所以对职务行为的描述和由此而建立的行为标准更加准确。

（2）关键事件法的缺点

关键事件并不能对工作提供一种完整的描述，因此这种方法无法描述工作职责、工作任务、工作背景和最低工作资格的情况；同时，为收集必要数量的关键事件的信息所花费的时间往往较多；另外，这种方法难以涉及中等绩效的员工，遗漏了平均绩效水平。

第四节　工作岗位设计与工作评价

一、工作岗位设计

工作岗位设计是在工作分析的基础上，研究和分析如何做工作以促进组织目标的实现以及如何使员工在工作中感到满意以调动员工的工作积极性。工作岗位设计要满足两个目标：一是生产率和质量的目标；二是工作安全、有激励性，使工人有满意感的目标。设计良好的工作岗位，既可以促使员工积极进取，在实现自我价值的同时帮助组织实现目标，又可以达到提高生产效率、降低成本、缩短生产周期的目的。

（一）工作岗位设计的基本原则

一般来说，某一组织中的工作岗位设计是由该组织的总体任务决定的。"因事设岗"是工作岗位设计的基本原则。工作是客观存在的，岗位应以"事"和"物"为中心设置，而非"因人设事、因人设岗"。企业的生产任务和经营管理活动决定了"需要多少岗位""需要什么样的岗位"。

第一，明确目标任务的原则。工作岗位的设计要以企业战略、目标和任务为主要依据。岗位的存在是为了实现特定的任务和目标，岗位的增加、调整和合并都必须以有利于实现工作目标为衡量标准。所以，在工作岗位设计中，首先应明确所属单位的总目标是什么，每个岗位的目标又是什么，并且力图使岗位目标具体化、清晰化，并使岗位的设置与承担的任务量相对应。这就要求企业广泛地推行系统化、科学化的目标管理，以杜绝岗位重叠、人浮于事、效率低下等问题的存在。

第二，合理分工协作的原则。劳动分工是在科学分解生产过程基础上的劳动专业化，使企业员工从事不同但又相互联系的工作。劳动协作是采用适当的形式，将局部协作的劳动联系在一起，共同完成某项整体性的工作。基于劳动分工的工作岗位设计，不仅有利于员工发挥各自的技术专长，提高专业技能含量，也可以明确岗位的工作职责，在分工明确的情况下主动开展工作。岗位设计应充分考虑劳动协作的客观要求，明确岗位与岗位之间的协作关系。分工是协作的前提，协作是分工的结果。岗位之间只有通过紧密协作，才能进一步发挥集体的智慧和团队的力量，从而创造出更高的劳动生产力。

第三，责权利相对应的原则。在进行工作岗位设计时，首先要明确每一岗位的责任、权限和利益。岗位责任是任职者应尽的义务，岗位权限是岗位员工应有的对各种资源支配、使用和调动的权力。设置岗位权限的目的是保证岗位运行顺畅。利益是驱使岗位员工更好地完成任务的动力，组织必须切实保证岗位的义务、权力与利益的对应性和一致性：不受责任制约的权力和利益，必然导致滥用权力，利益膨胀，滋生腐败；而不授予任职者足够的权力和利益，仅强调岗位责任，则难以保障岗位工作任务的完成和预期目标的实现。

第四，专业分工的原则。专业分工追求知识深度与市场经验的积累，在此原则下的岗位设置是对组织细分的过程，岗位成为组织中自成体系、职责独立的最小业务工作单元。关于组织细分，目前有流程优先与职能优先两种观点。部门是一级流程分解的结果，是企业内部价值链具有一定使命的独立环节，而岗位是对部门，即一级流程分解下某一个模块的再分解。因此，在专业分工原则下，部门岗位设计的第一步是工作内容细分，表现形式为岗位最小化。

第五，协调费用最小的原则。协调费用最小是指为减少不同岗位之间的协调和运作成本，通过工作关系分析和工作定量分析来实现工作岗位的设计。工作关系分析的任务是对最小业务活动之间的工作相关性进行分析，确定适用的优化组合方案。它通过对工作岗位、部门的相关性分析，使组织发挥系统和平衡的功能，达到分工合理、简洁高效和工作畅顺的目的。工作定量分析则是在工作量不饱满的情况下，对因职能细分或流程被分割的岗位予以撤岗或并岗，以保证每一个岗位的工作负荷，使所有工作尽可能集中，并降低人工成本。

第六，不相容职务分离的原则。不相容职务分离原则的核心是内部牵制，是指一人不能完全支配账户，另一个人也不能独立地加以控制的制度。不相容职务是指那些如果由一个人担任，既可能发生错误和舞弊行为，又可能掩盖其错误和弊端行为的职务。基于不相容职务分离原则的岗位设置需要在岗位间进行明确的职责权限划分，确保不相容岗位相互分离、制约和监督。企业经营活动中的授权、签发、核准、执行和记录等工作步骤必须由相对独立的人员或部门分别实施或执行。

（二）工作岗位设计的主要内容

工作岗位设计是为了有效组织生产劳动过程，通过确定一个组织内的个人或小组的工作内容来实现工作的协调和确保任务的完成。工作岗位设计的目标是通过建立工作结构来满足组织及其技术的需要，满足工作者的个人心理需求。工作岗位设计的主要内容包括工作扩大化与丰富化、工作的满负荷、岗位工时制度、劳动环境的优化四个方面。

1. 工作扩大化与丰富化

随着现代科学技术的迅猛发展，组织中各岗位的分工越来越细。细致的分工与协作虽然能够大幅度地提高工作效率，促进本单位各项活动顺利发展，但也带来一些问题，如工作单调乏味、劳动者的情绪低落等。岗位设计内容需要考虑以下内容：

（1）工作扩大化

工作扩大化可以通过两个渠道实现：一是横向扩大工作。如由一个人或一个小组负责一项完整的工作；降低流水线传动速度，延长加工周期，用多项操作代替单项操作等。二是纵向扩大工作，将经营管理人员的部分职能分解给生产者承担。如生产工人不仅要承担一部分生产任务，还要参与产品试制、设计、工艺管理等工作。工作扩大化使岗位工作的范围、责任增加，从而有利于提高劳动效率。

（2）工作丰富化

工作丰富化是指在岗位现有工作的基础上，通过任务的整体性和多样化来充实工作内容，明确工作目标和任务，员工"一专多能"；通过明确任务的意义，员工明确了完成本岗位任务的重要作用和实际意义；通过赋予员工工作的自主权，在确保组织和部门整体目标实现的前提下，员工可以自行设定中短期的工作目标和任务，提高员工的责任感和激励度；通过信息的沟通与反馈，员工不仅可以获得各种有关信息以改进工作，也能将想法、困难和建议及时反馈给上级领导，促进上级领导做出正确决策。岗位工作丰富化为员工的发展提供了更广阔的空间，让员工有了更多实现个人价值、彰显个人特质、展示自己才能的机会，从而有利于提高工作效率，提升员工在生理上、心理上的满足感。

工作扩大化和工作丰富化虽然都属于改进岗位设计的重要方法，但两者存在明显差异。工作扩大化是通过增加任务量、扩大岗位任务空间使员工完成任务的内容、形式和手段发生变更；而工作丰富化是通过岗位工作内容的充实使岗位的工作变得丰富多彩，促进员工综合素质的提高。

2. 工作的满负荷

岗位设计的基本原则是使有限的劳动时间得到充分利用和使岗位的工作量饱满。若工作岗位长期低负荷运转，必然会造成人力、物力和财力的浪费；但若工作岗位超负荷运转，虽然能带来较高效率和效益，但这种效率和效益不仅不能维持长久，容易对员工产生某种伤害，影响员工的身心健康，也会使生产设备、工位器具等生产资料得不到正常的维护和保养，造成设备器具过度使用、超常磨损。总之，在岗位设计的过程中，设计者应当重视对岗位任务量的分析，设计出先进合理的岗位劳动定员定额标准，切实保证岗位工作的满负荷。

3. 岗位工时制度

岗位工时制度是岗位设计不可忽视的一个重要方面，做好工时工作制度的设计具有双重意义。对企业来说，它影响工时利用的状况、劳动生产率以及整体的经济效益；对员工来说，它体现为以人为本，科学合理地安排员工的工作轮班和作业时间，切实保证劳动者的身心健康，使他们始终保持良好的精神状态。

4. 劳动环境的优化

劳动环境的优化是指利用现代科学技术，改善劳动环境中的各种因素，使之与劳动者的生理心理特点相适应，建立"人—机—环境"的最优化系统。

劳动环境优化应考虑两方面的因素：一是影响劳动环境的物质因素，包括工作地的组织、照明与色彩、设备仪表和操纵器的配置。对物质因素的优化既能方便工人操作，又能保证环境安全卫生，使工人心情舒畅、工效提高。二是影响劳动环境的自然因素，包括空气、温度、湿度、噪声以及绿化等因素。

以上四方面的岗位设计，不仅为组织的人力资源管理提供了依据，保证了事（岗位）得其人、人尽其才、人事相宜，也优化了人力资源的配置，为员工发挥自身能力和提高工作效率提供了有效的管理环境基础。

（三）工作岗位设计的主要方法

1. 程序分析的工具

程序分析是以生产过程中的作业、运输及检验等环节为对象，通过对生产程序中的每项作业和运输进行比较和分析，剔除不合理的部分，重新合理安排生产程序，将人力、物力的耗费降到最低限度，以提高岗位工作效率的综合方法。程序分析具体采用以下分析工具：

（1）作业程序图。作业程序图是分析生产程序的工具之一，是显示产品在加工制作过程中的各个作业程序以及保证效果的检验程序的图表。作业程序图能全面显示生产过程中的原料投入、检验及全部作业的顺序，能反映整个生产工作程序的概貌和程序中各作业相互间的关系，让研究人员更容易发现问题。

（2）流程程序图。流程程序图是分析生产程序的另一种工具，是显示产品在加工过程中，操作、检验、运输、延迟、储存等全部子过程的图表。它比操作程序图更具体、更详细，因此常被用于分析研究某种产品、某一零部件或一项工作任务的加工制作过程。流程程序图可以揭示整个流程中工时损失和浪费的情况，为减少各种事项发生的次数、消除不必要的人力耗费和工时损失、缩短运输的距离和时间、提高工效提供依据。流程程序图按照表示方式的不同，可分为用于分析单一物料流程的单柱型流程图和通常被用于分析零部件装配或多种物料流程的多栏型流程图。

（3）线图。线图又称"流线图"，即用平面图或立体图来显示产品加工制作的全过程。流线图的绘制应按比例将工厂、车间、工作地点、机器设备、工位器具的布置情况如实地反映出来，然后用线条和符号说明物料的整个流程。流线图充分揭示了产品的实际制作过程，能清晰地显示出物料流动的轨迹，因此，它成为减少工时消耗、改善工作地布置、进行程序分析的基本手段。特别是将线图与流程程序图和作业程序图结合在一起使用，工作效果更明显。

以上三种分析工具主要侧重于对产品制造过程中操作、检验、运输等事项的分析研究，以宏观的物料流程为对象。

2. 动作研究

动作研究是运用目视观察或者影片、摄像机等技术设备，将岗位员工的作业分解成若干作业要素，必要时将要素再细分成一系列动素的分析工具。现在一般有 17 项动素，包括伸手、握取、移物、装配、应用、拆卸、放手、检验、寻找、选择、计划、对准、预对、持住、休息、迟延、故延。根据动作经济原理，若发现其中不合理的部分则加以改进，设计出新的、合理的、以作业结构为基础的操作程序，从而改善员工的操作水平，使员工工作更有效、更快捷，省时省力。

二、工作评价

工作评价是在工作分析的基础上，按照预定的衡量标准，对工作任务的繁简难易程度、责任权限、所需的资格条件以及劳动环境等方面所进行的测量和评定的过程。它是在对所有职位进行科学分析后，评定组织内各个职位之间的相对价值。

（一）工作评价的特点及作用

1. 工作评价的主要特点

第一，工作评价以岗位为评价对象。工作评价的对象是客观存在的"事"，而非具体的人员。工作评价在总体上是以岗位为对象的，对岗位所担负的工作任务进行客观评估。岗位不仅具有一定的稳定性，而且能与企业的专业分工、劳动组织和劳动定员定额保持统一，促进企业完善劳动定员定额，从而改善企业管理。虽然工作评价以"事"为中心，但岗位的工作是由劳动者承担的，因此离不开对劳动者的总体考查和分析。

第二，工作评价是对各类劳动抽象化和定量化的过程。在工作评价过程中，建立较为系统的岗位评价指标体系，对岗位的主要影响因素逐一进行测定、评价，得出各个岗位的量值，这样各个岗位之间就有了价值对比的基础，最后根据评定结果，将岗位划分为不同的等级。

第三，工作评价需要运用多种技术和方法。工作评价主要运用劳动心理、劳动卫生、环境监测、数理统计知识和计算机技术，通过排列法、分类法、评分法、因素比较法等基本方法，对岗位不同的评价因素进行准确的评价或测定，最终做出科学评价。

2. 工作评价的作用体现

第一，确定职位级别的手段。职位等级通常会被企业用作确定工资级别、福利标准、出差待遇、行政管理权限等的依据，有时也会被企业作为内部股权分配的依据，而工作评价恰是确定职位等级的最佳手段。工作评价不应仅仅依据职位头衔来划分职务等级。比如，在某企业内部，财务经理和销售经理职位等级相同，但这两个职位对于企业的价值贡献可能不同，职务待遇也应不同。再如，在不同的企业，尽管都有财务经理这一职位，但由于企业规模不同，该职位的具体工作职责和要求不尽相同，职位级别及薪酬待遇也不应完全相同。

第二，进行合理薪酬分配的基础。在工资结构中，很多公司都有职位工资这一项目。企业通过工作评价得出职位等级之后，可依据职务价值标准合理地确定相应职位的工资标准。当员工按时全面履行本岗位的工作任务后，便可以获得相应的职务工资，获取与职务岗位相对应的劳动报酬后，得到一定程度的满足。

第三，员工确定职业发展和晋升路径的参照系。员工在企业内部跨部门平移或晋升时必须参考各职位等级。透明化的工作评价标准，便于员工理解企业的价值标准，知道该怎样努力晋升到更高的职位。

总之，工作岗位评价的基本功能和具体作用的充分发挥将使组织各个层级的岗位量值转换为货币值，为建立让组织、员工、工会三方满意的公平合理的薪资报酬制度提供科学的依据。

（二）工作评价的主要方法

1. 序列法

序列法是指由评定人员凭着自己的工作经验进行主观判断，按岗位相对价值依次排序的工作评价方法。这是一种最简单的职位评价方法。它将工作岗位作为一个整体来考虑，通过简单的现场写实观察或者对相关岗位的信息比较来操作。

（1）序列法的具体步骤

第一，由有关人员组成评定小组，做好准备工作。

第二，了解情况，收集有关岗位方面的资料、数据。

第三，评定人员事先确定评判标准，对本单位同类岗位的重要性逐一做出评判，最重要的排在第一位，再按岗位的重要程度依次往下排列。

第四，首先将所有评定人员对各岗位的评价结果进行汇总，得到序号和；然后将序号和除以参加评定人数，得到每一岗位的平均排序数；最后，根据平均排序数的大小，按照评定出的岗位相对价值，由小到大做出排列。

（2）序列法的适用范围

序列法适用于组织规模较小、生产产品单一、岗位数量较少的中小企业。

2. 分类法

分类法是以岗位的责任、技能、知识、职责、工作量以及工作经历等方面的要求为依据，分别给组织的各类岗位定级，然后将各种级别排列成一个体系的工作评价方法。

（1）分类法的工作步骤

第一，由单位内专门人员组成评定小组，收集有关资料。

第二，按照生产经营过程中各类岗位的作用和特征，将企事业单位的全部岗位分成几个大的系统，每个系统按内部的结构、特点再划分为若干子系统。

第三，将各个系统中的各岗位分成若干层次，最少分为 5 档，最多可分为 17 档。

第四，明确规定各档次岗位的工作内容、责任和权限。

第五，明确各系统、各档次（等级）岗位的资格要求。

第六，评定不同系统、不同岗位之间的相对价值和关系。

（2）分类法的适用范围

分类法适用于组织规模相对适中、岗位类别与数量不太多的中小企业。

3. 因素比较法

因素比较法是一种量化的工作评价方法。它是按评价因素对选定的标准岗位进行评分定级，制定出标准岗位分级表，把非标准岗位与标准岗位分级表对比并评价相对位置的方法。这种评价方法最大的优点就是可以直接得出所评价岗位的薪资水平。

（1）因素比较法的具体步骤

第一，选择标准岗位。在因素比较法中，标准岗位的选择是一项既困难又重要的操作，因为评价结果的可靠性是以所选择的标准岗位为依据的。标准岗位必须具备两个条件：一是岗位必须具有代表性；二是在确定的范围内能够准确地给予定义。

第二，根据标准岗位建立等级。在实际采用因素比较法时，标准岗位数量的选取要恰当。如果数量太多，通过该方法对工作岗位进行排列所耗费的时间会很多；如果数量太少，测评结果的误差就会相对较高。一些专家认为，实行因素比较法至少要选择 30 个标准工作岗位。

第三，将标准岗位按照选定的因素进行排列。标准岗位被确定后，对所选定的因素按相对重要程度依次排列，制定出标准工作分级表。排列工作由评定小组的每一个成员分别进行分级，然后将分级结果提交给评定小组做综合分析。

第四，将标准岗位按照选定因素确定工资额。对标准岗位进行排列之后，因素比较法直接对每一岗位确定工资额，即根据每个因素在该工作中的重要程度，按一定比例确定相应的工资值，并据此对工作重新进行排列。

第五，对其他岗位进行排列。将企业中尚未进行评定的其他岗位与现有的已评定完的标准岗位进行对比，如果某岗位的某因素相近，就按相近条件的岗位工资分配计算工资，累计后就是本岗位的工资。

（2）因素比较法的适用范围

因素比较法适用于掌握了较为详细的市场薪酬调查资料的企业。

4. 评分法

评分法亦称"因素计点法"。评分法首先选定岗位的主要影响因素，并给予这些要素以不同的权数（分数），然后按预先规定的衡量标准，对现有岗位的各个因素逐一比较、评价，求得点数，经过加权求和，最后得到各个岗位的总点数。该方法必须关注两项内容：一是主要影响因素及其等级确定；二是因素权重值的确定。

（1）评分法的具体步骤

第一，确定工作职位评价的主要影响因素。

第二，根据岗位的性质和特征，确定各类工作职位评价的具体项目。无论何种性质的岗位，比较普遍采用的评价项目，一般包括以下几点：①劳动负荷量，即执行任务时的能量代谢率。其衡量标准可参照国家标准。②工作危险性，即该项工作的危险性以及可能造成的伤害程度，或可能引起的职业病。③劳动环境，即本岗位的自然和物质环境因素。其衡量标准为温度、湿度、照明、空气、噪声、振动、通风、色彩等环境监测指标。④脑力劳动紧张疲劳程度，即完成本岗位规定的工作时间，人员脑力劳动及精神上的负荷量。其衡量指标为工作单调程度、工作速度和要求的精密度、工作要求的决策反应机敏程度、工作注意力集中程度与持续时间。⑤工作复杂繁简程度。其衡量标准是岗位任务牵涉面的深度和广度。⑥知识水平，即从事本岗位任务所必需的文化基础和理论知识（受教育程度）。其衡量标准为参加各类正规学校学习的时间、学位等。⑦业务知识，即与本岗位有关的、必要的专业知识。其衡量标准为有关的必要知识的广度和深度。⑧熟练程度，即从事本岗位任务所需技能的熟练程度及掌握该技能的困难程度。其衡量标准是一般掌握该项技能以及达到某种水平所需要的时间。⑨工作责任，即从事本岗位任务在管理上以及对物、财所负的责任。其衡量标准为该岗位的职责范围、权限，发生责任事故后的损失程度。⑩监督责任，即从事本岗位任务时对下级的指导及监督考查的责任。其衡量标准为该岗位要求的组织能力、监督责任。

第三，给各评价因素区分出不同级别，并赋予一定的点数（分值）。在各评定项目总点数确定之后，企业可采用等级差数规定本项目各级别的评分标准。

第四，给定加权数。将全部评价项目合并成一个总体，根据各个项目在总体中的地位和重要性分别给定权数。一般来说，重要项目给以较大权数，次要的项目给以较小的权数。权数的大小应依据组织的实际情况以及各类岗位的性质和特征加以确定，然后计算出各岗位的总点数。

第五，确定级别。为了将企事业单位相同性质的岗位归入一定等级，可将工作职位评价的总点数分为若干级别。

（2）评分法的适用范围

评分法适用于生产过程复杂、岗位类别数目多的大中型企事业单位。

第三章　人力资源的获取与有效配置

第一节　员工招聘活动开展

一、招聘概述

（一）招聘含义的理解

招聘是组织根据人力资源规划和工作分析的要求，通过发布招募信息和科学的甄选，使组织获取所需的合格人选，并把他们安排到合适岗位工作的过程。

在理解招聘的含义时，必须把握招聘工作以下几方面的特点：

第一，招聘必须以人力资源规划和工作分析为前提。人力资源招聘是以人力资源规划和工作分析这两项基础性工作为前提的。人力资源规划决定了组织预计要招聘的岗位、部门、数量、时限、类型等要求；工作分析则对组织中各个岗位的职责、所需的资质进行分析，为招聘工作提供了主要的参考依据，同时也为应聘者提供了有关岗位的详细信息。招聘工作对于组织人力资源的合理形成、管理及开发具有至关重要的作用。

第二，招聘是组织与应聘者的互相选择。组织与应聘者之间的双向选择，是招聘工作的一个重要特征。应聘者根据组织发布的招聘信息，对照所聘岗位的条件和标准进行自我分析、衡量，并了解组织的整体情况，从而选择合适的组织和合适的岗位作为应聘目标。而组织则从应聘者中，根据岗位要求择优录用。组织要尽量避免"人才高消费"的现象，尽量使录用人员的能力与岗位的职责要求相匹配。

第三，招聘必须考虑成本问题。招聘应该同时考虑三个方面的成本：一是直接成本，包括招聘过程中广告费、工作人员工资和差旅费、考核费用、办公费用及聘请专家费用等；二是重置成本，是指因招聘不慎，须重新再招聘时所花费的费用；三是机会成本，是指因离职及新员工尚未胜任工作造成的费用支出。一般来说，招聘的职位越高，招聘成本就越大。招聘时必须考虑成本和效益，既要将成本降到最低限度，又要保证录用人员的素质要求，这是招聘成功的最终目标。

（二）招聘的基本原则

人力资源部要有计划、有目标、有步骤地开展日常的人员招聘工作，严格掌握对应聘人员的基本要求，把任人唯贤、择优录用的基本原则贯穿整个招聘工作的过程，甄选出德才兼备的优良人选，不断满足组织发展的需要，使组织在激烈的竞争中保持人力资源上的优势。具体来讲，招聘工作应该遵循下列原则：

第一，计划性。应该在组织人力资源规划的基础上，具体制订人员招聘计划。人员招聘计划作为组织人力资源规划的重要组成部分，为人员招聘录用工作提供了客观依据。

第二，公开性。组织应该把空缺职位的种类、数量、应聘资格和条件、应聘方法等信息，通过公开的途径，向组织内外的应聘者发布，使招聘工作公开置于组织内外监督下，防止暗箱操作。唯有如此，才能给予组织内外的申请者以公平竞争的机会，达到广揽人才的目的。

第三，公平性。公平性原则要求通过考核和公平竞争，确定人员的优劣和取舍。为达到公平竞争的目的，既要吸引较多的应聘者，又要严格甄选程序，用科学的手段进行考核、筛选，减少甄选工作中的主观随意性。公平性还要求组织对所有申请者一视同仁，不能人为地制造各种不公平的限制（如性别歧视、年龄歧视、籍贯歧视等），也不能人为地制造不平等的优先优惠政策，以为组织内外的申请者提供平等的竞争机会。

第四，标准性。招聘工作应该按照工作分析所提供的职位说明书进行。组织在进行招聘决策时要做好充分准备，明确招聘的标准和条件。一个岗位宁可暂时空缺，也不要让不合适的人选占据，尽量不要降低标准来录用人员。如果是因为标准定得太高，以致所有候选人都无法达到招聘标准时，组织可以适当重新制定招聘标准。在降低标准时，一定要谨慎，否则会导致标准的混乱，对其他员工造成不公平，同时也影响今后的工作。

第五，全面性。全面性与标准性原则相联系。对应聘者的资格、条件与所招聘职位的匹配性方面要进行全面的考查，不能只考查其中某一突出方面就简单地做出录用或拒绝的判断，以避免以偏概全。

第六，合适性。合适性原则要求既要做到广开才路，又要人事相宜。招聘的对象不一定是最优秀的，而应该是最合适的。招聘时要量才录用，做到人尽其才、人事相宜，尽量避免大材小用，造成浪费。这里的标准是职位的要求，如果应聘者的条件远远超过职位的要求，那么今后他的工作稳定性就不会太高。

二、招聘渠道的选择

一旦企业决定增加或重新配置员工，就面临着"如何选择渠道寻找适合的申请者"这一问题。职位申请者可能来自组织内部，也可能来自组织外部，人力资源管理者需要采取有效措施将招聘信息传递给内部和外部的潜在申请者，根据申请者来源的不同，选择特定的招聘渠道来决定信息的传递方式以及申请者与组织之间沟通的方式。招聘渠道的选择差异将会直接影响招聘的效果。

（一）内部招聘渠道

内部招聘渠道是从组织的内部员工中寻找合格人才的一种人员招聘途径，实际上是对企业内部人力资源进行优化配置的一种方式，主要通过内部竞聘、推荐、兼职、晋升等多种形式进行。

1. 内部竞聘

在组织内部招聘空缺职位的合适人选，组织需要了解在现任员工中有谁可能对空缺职位感兴趣，将这些感兴趣的员工组织起来参与竞聘，通过技能清单和就职演说等方式来鉴别可能的胜任人选。竞聘的前提是明确告知组织内部员工目前的空缺职位，通过会议、公告牌、内部刊物、内部网站等方式对招聘信息进行有效传递。一种被称为"工作公告"（Job Posting）的计算机系统软件已经问世，对空缺职位产生兴趣的雇员可以使用此软件测试自身的技能和经验与空缺职位任职资格的匹配程度，从而清楚地知道如果参与给定职位的竞争，哪些素质是必须具备的。

2. 内部推荐

许多企业采取内部员工推荐的方法来招聘新员工，鼓励员工推荐自己的朋友或亲属参加空缺职位的选拔。一些组织甚至采用金钱激励的方式，为成功的推荐支付"发现者酬金"。内部推荐的优点是招聘活动成本较低，被推荐者具有良好的信用基础和较好的素质。据了解，美国微软公司40%的员工都是通过内部推荐的方式获得的。但是，企业采用内部推荐时必须谨慎，一定要避免内部形成非正式组织。

3. 员工兼职

如果是暂时性短缺的岗位或者少量的额外工作，组织可以采用内部兼职的方式进行招聘，给员工提供各类奖金而不纳入计时工资，这样可以吸引有余力的员工兼任第二份工作。我国人才市场的现状表明，有一批人拥有一份以上的工作，这说明他们有相当充足的精力和相当强的能力。兼职已经非常普遍，所以管理者必须建立相应的"兼职制度"，包括沟通绩效期望、预防利益冲突、保护经营信息等内容。

4. 内部晋升

内部晋升是从组织内部获取管理者的一种途径。从内部晋升的管理者有着自身的优势，比如业绩、才能、服众等。相对从外部引进的"空降兵"而言，内部晋升的管理者熟悉组织的业务，了解组织发展中的优势与不足，认同组织的文化和价值理念。但是，内部晋升的管理者可能会受到思维定式、人际关系等阻碍，缺乏改革创新的动力。

（二）外部招聘渠道

外部招聘渠道就是根据企业发展的用人需求，从外部把优秀、合适的人才吸引到企业的招聘途径。如果组织内部没有足够的候选人可供挑选，就必须把目光转向外部以补充劳动力。由外部渠道招聘有很多种形式，发展相当成熟的包括广告媒体招聘、职业机构招聘、校园招聘、招聘会、网络招聘等。

1. 广告媒体招聘

企业可以在各种媒体上刊登招聘广告以获得新员工，最常见的是在报纸杂志上公告企业空缺职位的相关信息，以吸引对职位感兴趣的潜在人选。外部招聘可供使用的广告媒体还有户外广告牌、电视广告等。有效的招聘广告可以体现企业的整体形象，所以在进行招聘广告设计时要突出企业文化及价值理念。此外，随着我国公民权利意识的增强及劳动法律法规的日臻完善，招聘广告必须符合劳动法律法规，否则会使企业陷入法律纠纷。

2. 职业机构招聘

随着人才流动的日益普遍，各类人才交流中心、职业介绍所、猎头公司等劳动与就业服务中介机构应运而生。这些机构扮演着双重角色：既为单位选人，也为求职者择业。借助这些平台，单位和求职者均可获得和传递大量信息。这些机构通过定期或不定期举办活动（如交流会、洽谈会等）使双方面对面交流，提高了招聘的成功率。

职业机构包含两类：一类是人才交流中心、职业介绍所等；另一类是猎头公司。

人才交流中心等服务机构专门发布各类企业的招聘需求信息，并承担寻找和筛选求职者的工作。这些机构常年为单位服务，一般建有人才资料库，用人单位可以方便地从资料库中搜寻相关条件的人员。通过人才交流中心选人的招聘方式具有针对性强、费用低廉等优点，但该方式不适用于对信息技术、金融等热门专业人才或高层次人才的招聘。

猎头公司是适应企业对高层次人才的需求与高级人才的求职需求而发展起来的。在国外，猎头服务早已成为企业招揽高级人才和高级人才流动的主要渠道之一。我国的猎头服务近些年发展迅速，越来越多的企业开始接受这种招聘方式。对于高级和尖端人才，用传统的招聘渠道往往很难获取，但这类人才对企业意义重大。猎头服务的一大特点是推荐的人才素质高。猎头公司一般会建立人才库，优质高效的人才是公司重要的资源之一，对人才库的管理和更新是一项日常工作，搜寻手段和渠道则是猎头公司专业性服务最直接的体现。企业通过猎头公司招聘人才需要支付昂贵的服务费，猎头公司现收费标准基本上是所推荐人才年薪的 25% ~ 35%。

3. 校园招聘

传统意义上的校园招聘就是由组织派出专员或招聘代表到校园向毕业生宣讲企业发展近况并组织面试工作。如今的校园招聘已经变得更加富有创造性。例如，企业通过校园选拔竞赛等方式建立全面的沟通框架，让应聘双方在一定程度上真正融入对方并了解彼此的诉求，从而使校园招聘取得意想不到的效果。

毋庸置疑，开展富有挑战性和高参与度的校园选拔活动是"双赢"的过程。对于企业而言，一方面，学生是校园文化的传播者，他们会将活动中的感受和体验传播给更多受众，帮助企业传播雇主品牌形象；另一方面，企业可以通过选拔活动来考查学生的职业倾向、团队合作等能力，从而找到适合的人才。对于学生而言，通过参与这些活动，他们能接触到真实的企业，切身体会到"想象中的企业"与"真实的企业"之间的差距，帮助他们规划职业生涯，选择适合自己的企业，还能开阔眼界，这些活动经历将成为他们择业的重要参考。

4. 招聘会

为了满足企业的招聘需求，主办方可以承办招聘会，企业可以租用展位或展厅传递招聘信息，应聘者可以按照招聘会举办的时间到既定的场所参加招聘会，投递简历。在招聘会中，企业和应聘者可以直接进行接洽和交流。随着人才市场的日臻完善，招聘会呈现出专业化发展的趋势，即面向特定群体举办专场招聘会，如校园招聘会、下岗职工招聘会、海归人才招聘会、某行业人才招聘会等。面对各种类型的招聘会，企业在进行选择时，一般要考虑以下几个方面：一是明确企业所需要的人员类别，从而选择合适的招聘会；二是了解招聘会的范围、对象、其他参加企业、举办时间及地点，结合自身的情况有所选择；三是了解招聘会的宣传力度、参会人员的规模。

5. 网络招聘

很明显，目前网络招聘已经成为全球最主要的招聘手段之一。企业可以通过两种方式进行网络招聘：一是在企业自身的网站上发布招聘信息，搭建招聘系统；二是与专业招聘网站合作，如中华英才网、前程无忧、智联招聘等，通过网站发布招聘信息，利用专业网站已有的系统进行招聘活动。

互联网作为招聘手段能够流行的原因有很多。从组织的期望来看，网络招聘依赖互联网技术搭建的先进信息平台，宣传覆盖面广、招聘成本低、时间投入少、效率高。但网络招聘也存在一些问题，如信息处理难度大、虚假信息大量存在、应聘者个人信息泄露严重等。

6. 熟人推荐

通过单位的员工、客户、合作伙伴等熟人推荐拟招聘人选，是组织招聘员工的另一种方式。熟人推荐方式的适用范围较广，既可用于一般人员招聘，也可用于专业技术人才招聘。该方式不仅可以节约招聘成本，也在一定程度上保证了应聘人员的专业素质和可信任程度。有些企业为了鼓励员工积极推荐人才，还专门设立推荐人才奖，奖励那些为企业推荐优秀人才的员工。

熟人推荐招聘方式的长处是企业对候选人的了解比较准确，候选人一旦被录用，顾及介绍人的关系，会更加努力工作，招聘成本很低；其问题是可能在组织中形成裙带关系，不利于企业各项政策和制度的推行。

（三）内外招聘渠道的比较和平衡

内部招聘渠道和外部招聘渠道都有各自的优势和不足。如果将两者结合起来，相辅相成、优势互补，就能完成企业的招聘计划。

1. 内外招聘渠道的比较

（1）内部招聘渠道的优势

内部招聘渠道除了招聘成本低、可信度高之外，还具有以下几个突出优势：

第一，能够对员工产生激励作用，增强员工对组织的忠诚度。从组织的内部获取人才，实际上是对员工业绩和能力的肯定，是员工与企业同步成长的见证。通过晋升榜样的力量，员工拥有对工作的美好愿景与规划，对企业的情感归属和忠诚度也会与日俱增，更重要的是能增强努力工作的信心，员工整体的工作士气会受到鼓舞。

第二，能够缩短员工的适应期，增强员工对组织文化的认同。现有员工已经度过了初入组织的不适期并融入组织。相比外部引进的新员工，现有员工更了解企业的运作模式和企业文化，对组织价值理念的认知更深刻，不会轻易离开组织，从而降低了企业人员流失的风险。

要发挥内部招聘的优势，还必须满足几个前提条件：企业已建立准确的人员潜力识别系统，已建立完善的内部选拔与培养机制，已建立规范的员工职业发展通道及公平公开的内部职位调整制度。

（2）外部招聘渠道的优势

内部渠道招聘虽然具有许多优点，但人员的选择范围比较狭窄，常常不能满足企业发展的需要，所以企业常采用各种外部招聘渠道。外部招聘渠道具有如下突出优势：

第一，能够打破思维定式，形成多元化的局面。企业从外部获取人才，可以充分借鉴外部人才的知识、技术和能力，补充和更新血液，形成人才多元化的局面和多角度的思维方式，突破发展瓶颈。从外部招聘来的优秀技术人才和管理专家会给组织现有员工带来压力，激发现有员工的工作动力。外部招聘的人员来源广，选择余地大，企业能招聘到许多优秀人才。

第二，能够树立公众形象，打造雇主品牌。企业可以通过招聘活动，充分与外界交流，展示企业的风采，彰显企业的价值；借助招聘活动及营销策略，打造雇主品牌，从而在员工、客户或其他外界人士中树立良好的社会公众形象，吸引更多优秀人才的关注。

2. 内外招聘渠道的平衡

要想做到内外招聘渠道优势互补，需要从以下几方面考虑平衡两者的关系：

（1）从企业的发展阶段和经营战略考虑。当企业处于迅速发展阶段，根据未来规模扩张和业务拓展的需要，很多岗位需要大批人才，内部的人才供给缺口很大，此时应选择外部招聘渠道来获取所需人才。当企业处于发展成熟阶段，如果个别关键岗位人才空缺，且企业内部已经形成完善的培训机制和人员接替计划，则可通过内部招聘渠道获取。

（2）从企业现有的人力资源状况出发。企业人力资源管理部门在招聘前必须对企业现有人员从数量、质量、结构及潜能方面进行核查与评估，从而明确招聘需求；当现有的人才资源无法与空缺职位的任职资格良好匹配，且内部培训成本较高时，可采用外部招聘渠道获取人才。

（3）从企业所处的外部环境出发。外部环境包括人才市场建立与完善状况、行业薪资水平、就业政策与保障法规、区域人才供给状况、人才信用状况等。这些环境因素决定了企业能否从外部招聘到合适的人选。若企业所处区域的人才市场发达、政策与法规健全、有充足的供给、人才信用良好，在不考虑其他因素的情况下，外部招聘不仅能获得理想人选，而且快捷方便。

（4）从企业文化角度考虑。若企业文化崇尚多元、崇尚变革，那么企业在用人偏好上倾向于通过外部招聘来增加新鲜"血液"，鼓励新思想、新观点的产生，激发现有员工的活力，形成良性竞争。这样做，两种招聘方式在企业招聘渠道所占的比重就有所不同。

三、招聘的流程分析

招聘活动不仅决定了企业能否吸纳所需要的员工，也会影响现有人员的有序流动。招聘活动的成功直接影响着企业运营目标的实现、价值理念的传递以及员工和顾客的忠诚度。一个好的招聘流程是保证招聘活动有效完成的基础。

企业招聘流程一般有以下五个环节：

（一）招聘计划的制订

招聘计划制订是企业在招聘工作正式开展前对招聘工作的具体活动进行安排的过程。它涉及以下几方面内容：

1. 明确招聘条件

企业应依据人力资源规划，核查现有人员的需求与供给状况，对照工作说明书，明确需要招聘员工的数量、职位、类型、渠道、标准。

（1）招聘数量。企业可以根据招聘筛选金字塔模型，由实际要录用的新员工的数量，确定大致需要在多大范围和组织多少人员参与区间的招聘活动。

（2）招聘职位。企业需要预知因实施经营发展战略而可能产生的空缺岗位（职位），明确岗位（职位）的具体名称、在组织中的级别、职务代码等。

（3）招聘类型。企业应该明确是雇用长期相对固定的员工，还是采用短期、更为灵活的雇佣方式。

（4）招聘渠道。企业要选择从内部获取人才还是从外部获取人才，不仅要了解整个人力资源市场的情况，还要熟悉各种招聘渠道的特点及组合方式；在确定内外渠道之后，要认真选择招聘的方式。

（5）招聘标准。详细的工作说明书能够明确拟招聘人员的具体标准，包括学历资历、工作经验、专业能力、个性品质、身体条件等。

2. 明确招聘的时间与地点

企业所确定的招聘时间一般要比相关职位产生空缺的时间早一些。企业选择在哪个区域空间开展招聘活动，一般要考虑潜在应聘者寻找工作活动的概率、企业所在地区及劳动力市场状况等因素。

3. 明确招聘经费预算

在执行招聘计划之前应对每一个环节的费用支出进行预算，保证招聘工作的正常进行。除了对参与招聘工作的有关人员提供工资报酬、劳务补贴之外，还需要投入广告费、考核费、差旅费、通信费、办公费等费用。

4. 编制招聘活动的实施方案

编制招聘实施方案是开展招聘活动的基本依据。方案内容包括确定招聘工作小组的组成、制定招聘章程、确定考核方案和人员选聘的条件、拟定招聘宣传相关资料、规定招聘工作的进度安排等。

（二）人员招聘

企业在制订详细的招聘计划之后，就可以进行人员招聘了。人员招聘简单地说就是企业通过各种渠道发布招聘信息，最大可能地获取职位申请人。

人员招聘主要包括两个步骤：一是发布招聘信息；二是获取应聘者的相关资料。

完整的招聘信息包括以下内容：①工作岗位名称、工作职责。②完成工作所需的知识、技能和经验。③工作条件的简单描述。④基本的工作报酬。⑤招聘工作的截止时间。

应聘者在获悉企业招聘信息后，可以通过网上申请、指定地点报名、信函等多种方式与企业建立联系。企业通常采用发放申请表的形式来获取应聘者的个人信息，以便为下一步的甄选工作提供资料。

（三）招聘中的人员甄选

人员甄选是指企业采用各种测试方式，对申请人的教育背景、知识经验、技术能力、人格特征与职位的胜任资格进行系统、客观的测量，评价匹配程度，从而做出录用决策。人员的甄选和录用将在本章第二节中做具体介绍。

（四）人员录用决策

企业通过人员甄选，做出初步录用决定后，接下来要对这些入选者进行背景调查和健康检查，合格者与企业签订试用协议，经过试用后，录用为正式员工。

（五）招聘活动的评估

招聘评估是企业在招聘活动中需要及时进行且非常重要的环节。通过对招聘过程和招聘结果的双重评估，企业能发现招聘的规律，从而不断改进招聘方式，使招聘工作更加有效。

四、招聘方案的编制

在招聘活动中，一份详细周全的招聘工作方案将有助于企业明确目标、有条不紊地开展各招聘环节的工作，最终选到合适的人才。

（一）招聘方案的编制原则

1. 根据企业发展阶段来编制

企业的发展阶段决定了选人和用人的政策方向，所以要结合企业发展实际来制订招聘方案。比如，处于初创阶段的企业在人才招聘的渠道和标准方面，一般会倾向于采用外部引进的方式，并且引进的人才必须在相关业务领域有比较成熟的经验与技能，进入公司后能很快进入角色，拓展业务；对于成熟阶段的企业，由于业务范围及人才队伍相对稳定，招聘渠道的选择可以内外兼顾，既可以从外部为企业补充急需的人才，也可以从内部选拔培养人才。

2. 根据成本效益来编制

在企业人力资源管理成本预算中，招聘成本占有较大比重。在制订招聘计划前，企业应对当年的招聘情况，如招聘职位数量、层次结构、招聘渠道、简历数量、招聘周期等，进行信息分析以判断各种招聘渠道的效果及性价比，之后，结合计划年份的业务发展规划来制定有效的招聘策略。这样编制的招聘预算能事前控制好招聘成本，提高招聘成本效益。

3. 根据企业发展战略来编制

企业的发展战略随市场的变化而不断调整，其中业务发展方向及模式的改变必定带来人才需求结构的变化。人力资源管理者在做好日常事务的同时，必须关注企业发展战略，根据公司的业务发展规划，提前做好人才储备工作。近几年流行的 HRBP（人力资源业务合作伙伴）模式的职能之一，就是人力资源经理必须深入业务并关注业务发展，为企业提供最具时效性的业务支持。

（二）招聘方案的编制步骤

招聘方案的编写一般包括以下步骤：

（1）统计本年度人员招聘与使用信息。①本年度人员数量及结构盘点；②本年度各月份各层级各年龄段人员流失情况；③本年度各岗位人员招聘渠道使用情况及效果评估；④本年度招聘费用及招聘成本；⑤本年度曾进行计划以外的招聘人员数量及职位类别。

（2）进行年度人员需求与流失的预测。①计划年度预期新项目的开展时间及进度安排、人员预期到岗时间及数量；②计划年度需要新招聘的岗位、新岗位说明；③计划年度各月份人员流失情况预期比率。

（3）成立招聘工作小组。企业要确定参加招聘活动的工作人员，并对每个人进行具体分工，从而将招聘活动的目标任务分解到每一个成员。除了相关工作人员，企业还必须确定招聘团队的核心人员，即考官或面试官。在组建招聘团队时，需要从以下方面考虑招聘人员的组合。①知识能力互补。企业要根据招聘岗位所需知识背景、能力要求及用人部门，选择相应的专业人才或管理人才加入招聘团队。②资历与年龄。资历深、年龄偏大的考官具有洞察能力及选人经验，而年轻的考官有激情、有活力，眼光独到。一般将两者有机结合、相互补充。③性别比例。在招聘实践中，女性考官通常更关注细节，而男性考官通常更关注整体趋势。两者结合起来，可以更准确、全面地选择人才。

（4）选择招聘渠道。根据职位类型及外部可能资源分析确定招聘渠道并确定需要重点开拓的招聘渠道。

（5）确定筛选标准与考核方法。

（6）明确招聘预算。

（7）明确招聘工作的时间和进度。

（8）拟定招聘信息与广告。

除了编制以上招聘活动内容外，还有一项关键任务就是针对可能出现的特殊情况或变故制定应对措施。

第二节　员工甄选与录用

企业的招聘甄选活动主要有两方面的含义：一是招聘活动本身。如怎样计划招聘活动流程、招聘渠道，采取何种方法降低企业的选人成本，在招募活动中人力资源部门和各相关职能部门如何分工。二是人员甄选。企业通过内外招聘等方式吸引来职位申请者之后，下一个环节就是进行人员甄选，完成申请人与空缺职位的比对，在此基础上做出录用决策。

一、人员甄选

招聘中的人员甄选过程是指综合利用心理学、管理学等学科的理论、方法和技术，对申请人具备的知识、经验、能力、品质等方面进行系统、客观的测量和评价，并与空缺职位的任职资格进行匹配，从而做出录用决策的选择。

（一）人员甄选的要素

有效甄选的前提是明确拟招聘人员应具备怎样的知识、技术、能力及其他特征。不同岗位对员工的知识、能力等需求必须通过工作分析来确定，并精确地反映在工作说明书中。因此，员工甄选之前的工作分析非常重要。在甄选过程中，企业通常会测量和评价以下几种要素：

1. 知识

在劳动者能力与素质之中，知识具有基础性地位，是对拟录用人员测量评价的基本内容。知识是系统化的信息，通常分为普通知识和专业知识。普通知识是在日常生活中获得的；专业知识则需要进行专门学习才能获得，是特定职位所要求的。在人员甄选过程中，专业知识的掌握一般可通过特定领域的教育背景来判断。当然，不同岗位对知识的要求是不同的，有的岗位要求员工必须有熟练的专业知识，有的则无严格的限制。

目前，人们对知识状况的测评方法相对较为完善，因而在员工甄选录用中对于知识方面的考查常处于优先位置。知识的掌握可分为记忆、理解和应用三个层次，而知识的应用是企业真正需要的。企业一般通过笔试等多种甄选方式来考查申请者对知识的应用程度。

2. 能力

能力是指引起个体绩效差异的持久性的个人心理特征。能力反映了个人完成某些任务或做好某项工作的可能性，任何工作都要求参与者具备一定的能力。如果能力不够，工作就不能顺利进行，就会影响工作绩效。人的能力可分为体能、智能、技能三类。体能是指个人的身体素质和健康程度；智能是指个体理解事物本质和应用科学技术的能力，表现为学习、分析、处理问题的能力；技能是指个体运用所掌握的专业技术来解决实际问题的能力。按复杂程度，能力又可分为基本能力、综合能力两大类。基本能力是指单因素能力，如感知力、记忆力、平衡力、爆发力等；综合能力是基本能力的结合，如教学能力、管理能力、控制能力等。不同职位的不同任职者应具备的专业能力会有所差别。如管理者应具有较强的分析决策能力、组织能力、人际沟通能力等；从事设计的人员需要具有良好的空间知觉能力及色彩分辨力；还有一些职位可能要求申请者具备一定的抗压能力。

能力测试具有评价和预测功能，可以用来判断一个人的能力优势和成功发展的可能性，为职业选择、人员招聘等提供科学可靠的依据。能力测试有以下四类：

（1）认知能力测试。认知能力测试是测试人们的感觉与思维能力，包括记忆、推理、观念表达等。

（2）体力能力测试。体力能力测试是测试人们身体的爆发力、平衡力、持久力。

（3）心理驱动能力测试。心理驱动能力测试是测试人们观念活动与身体活动之间的关联能力，比如反应速度和反应时间、动作的稳定性和控制准确度等。

（4）感知洞察能力测试。感知洞察能力是测试人们对某种外部刺激加以感知和进行分辨的能力，常以直觉方式体现。

3. 经验和过去的业绩

经验和过去的业绩是人员甄选的一个很有效的因素。过去在相似的工作中所做出的业绩是将来业绩的一种预示。经验是反映能力和工作态度的指标。一般而言，一个潜在的员工现在申请与原工作相似的工作，一定与他热爱和能胜任这份工作有关。

4. 个性和品行

据研究表明，个性和工作业绩之间存在明显的正相关关系。某些工作倾向于由某种个性类型的员工来从事，例如随和是从事接触公众工作人员所必需的个性特征。大五个性因素包括情绪稳定性、外倾性、经验开放性、随和性和责任心，所描述的行为特征能解释 75% 的个性特征。我们可以利用测试量表来判断申请者的个性，预测其未来工作的业绩。

5. 动机

员工要取得良好的工作绩效，不仅取决于知识、能力水平，还取决于做好这项工作的意愿。在动机系统中，最重要的是价值观，它表明了一个人的工作志趣和奋斗目标。具有不同价值观的员工对企业文化的相融程度是不一样的，企业的激励系统对员工的作用也是不一样的。所以，动机是人员甄选的一个重要因素。

6. 个性

个性是人们在认知、情感、意志等心理活动过程中所表现出来的相对稳定的心理特征，是个人各种心理特征的稳定组合，它体现了一个人的社会行为特点。现实生活中，个性通过人的需要、动机、价值观、气质、情绪、自我知觉、角色行为、态度等表现出来。由于个性的差异，不同个性的人适合从事不同的工作。许多企业会有意识地将个性特征作为人员甄选的因素之一，不仅如此，企业还应对员工的个性与工作进行合理匹配。理解个性差异有助于管理者选拔和使用人才，如果在制定甄选标准时考虑到个性类型与职业的匹配度，企业将会拥有一批能创造高绩效和令人满意的员工，并提高员工对工作的满意度。

准确地判断求职者的个性特征需要利用专门的方法与技术，问卷测量和投射测量是两种常用的测量方法。

（二）人员甄选的方法

人员甄选常采用笔试、面试、量表测试和评价中心等方法对申请者的知识、能力、个性和动机等要素进行评价，判断其是否能胜任工作岗位。

1. 笔试

笔试是通过纸笔测验的形式，对应聘人的基本知识、专业知识、管理知识、综合分析能力和文字表达能力进行衡量的一种方式。笔试可以用来测试申请者的知识广度、知识结构、知识层次。笔试具有成本低、效率高、公平公正的优势，但也存在一定的局限性，比如无法检测申请人的灵活应变能力、实际操作能力和沟通能力等。在笔试中，出题者可以通过改变题目的类型，比如采用案例分析等方式来考查应聘人对知识实际运用的能力。在企业招聘程序中，笔试是人员甄选的第一道程序，也是重要依据之一，只有合格者才能继续参加面试。

2. 面试

面试是考官与应聘者通过面对面地观察、交谈等双向沟通方式，让企业了解应聘者的素质、能力及动机的一种人员甄选方法。面试是用人单位最常用的、必不可少的测评手段。当前，用人单位越来越注重考查员工的实际能力与工作潜质，通过面试环节可以达到该目的。

在面试过程中，代表用人单位的面试考官与应聘者直接交谈，根据应聘者对问题的回答情况，考查其相关知识的掌握程度以及判断分析问题的能力；根据应聘者在面试过程中的行为表现，观察其衣着外貌、风度气质以及现场的应变能力，判断应聘者是否符合应聘岗位的标准和要求。面试时，考官可以通过连续发问，及时了解应聘者更深层次的信息，减少应聘者说谎、欺骗、作弊等行为的发生。当然，面试效果依赖面试官的经验、方法与技巧。

通过近距离的接触和沟通，用人单位能全面了解应聘者的社会背景以及表达能力、反应能力、品行修养、逻辑思维能力等；应聘者也能初步了解自己未来的职业发展前景，并将个人期望与现实情况进行对比，找到更好的结合点。

3. 心理测验

在一些高级管理人员和特殊技能人员的招聘甄选过程中，招聘者倾向于采用心理测验的方法来评判其认知能力、应变能力、人格特征、职业倾向、气质类型、智商和情商等。目前，国内外学者已经开发了很多应用于不同目的的测试量表，但是企业在使用这些量表时应正确认识其局限性，并审慎分析结果，不能将其作为甄选录用人才的唯一工具。

（1）认知能力测试

认知能力测试在人力资源甄选中有广泛的应用。它包括对申请人基本语言、数学、逻辑、分辨等能力的测量。世界上应用最广的智力测验是韦克斯勒成人智力测试（Wechsler Adult Intelligence Scale）。这一测试共有14个部分，分为两类。语言类包括常规的信息、算术、同义词、词汇量和其他项测试。能力类包括完成图画、图画排列、物体装备和相似项测试。

文书能力对很多工作来说也是很有用的认知能力。明尼苏达文书测试（Minnesota Clerical Test）是较为常用的文书能力测试。这一测试要求申请者快速判断数字和名字的正确性。快速比对条目能力对秘书和文职人员的工作来说是工作表现良好的预测器。

（2）个性测试

个性测试主要有自陈式量表法和投射法两种。自陈式量表法是由被测试者自己填写测量问卷，依据答案得分来判断人格特征。"16种个性因素测验"（Sixteen Personality Factor Questionaire，16PFQ）是较为常用的一种人格测试量表，该量表由美国伊利诺伊大学的教授编制，分别测试16种人格特质。

人的一些基本个性特征和行为倾向是深藏在意识底层的。所谓投射，就是让人们在不自觉的情况下，把潜意识中的态度、动机、内心冲突、价值观、需要、愿望和情绪等在他人或环境中的其他事物上反映出来。诱导被试者表现出真实个性特征的物体称为投射物。常用的投射测试有罗夏墨迹测验、主题统觉测试等。

（3）职业兴趣测试

职业兴趣测试可以用来推测一个人最感兴趣并最可能从中得到满足的工作。最常用的职业兴趣测试是霍兰德职业兴趣测试量表，它把职业兴趣类型分为现实型、研究型、社会型、事务型、企业型和艺术型六种。

除了以上三种测试，还有笔记测验、诚实测验等多种心理测试方式。

4. 评价中心

评价中心是一种综合性的、动态的测评方法。这种方法通常将被试者置于模拟的工作情境中，采用多种评价技术，由多个评价者观察被试者的行为表现。评价中心更多地是测量被试者实际解决问题的能力，而不是他们的观念和知识。评价中心所采用的形式主要有公文处理模拟、角色扮演、无领导小组讨论等。

（1）公文处理模拟

公文处理模拟又称"公文筐测试"，是一项情境模拟测试。它将被评价者置于特定职位或管理岗位的模拟环境中，由评价者提供一批该职务工作经常需要处理的文件，要求被评价者在一定的时间和规定的条件下处理完毕，并且以书面或口头的方式解释说明这样处理的原则和理由。公文处理模拟是评价中心最常用的形式之一。

公文筐测试通过对应试者计划、授权、预测、决策、沟通等能力，特别是对综合业务信息把握、运用等方面能力的考查，评判其是否具备高层管理者的胜任力特征。

公文筐测试的公文通常有以下形式：①所须处理的公文已有正确结论，是已经处理完毕归入档案的材料。用这样的公文让候选人处理，是要考查候选人处理公文是否有效、恰当、合乎规范。②所须处理的公文条件已具备，要求筛选人在综合分析的基础上做出决策。③所须处理的公文尚缺少某些条件或信息。用这样的公文考查候选人是否能够发现问题和提出进一步获得信息的要求。

（2）角色扮演

角色扮演即通过要求被试者扮演一个特定的管理角色来观察被试者的多种表现，了解其心理素质和潜在能力的一种测评方法。这也是通过情景模拟，要求被试者扮演指定行为角色，并对其行为表现进行评定和反馈，以此来帮助其发展和提高行为技能的一种培训方法。

（3）无领导小组讨论

无领导小组讨论法（Leaderless Group Discussion，LGD）是对一组人同时进行测试的方法，在人员招聘甄选中越来越普遍地被采用。讨论小组一般由 5～8 人组成，不指定主持人，仅介绍一种管理情境，其中隐含着一个或数个需要决策和处理的问题，以引导小组展开讨论。

采用这种方法时，通常没有人告诉任何一个小组成员他应该坐在哪个位置上，一般使用一张圆桌，以显示每个坐席的位置都是平等的。在小组讨论的过程中，即使出现冷场或僵局，甚至发生争吵，测评者也不出面干预，令其自发进行。

最后，由几位观察者给每一位参试者评分。根据每个人在讨论中的表现及所起作用，观察者按既定维度予以评价。维度通常包括主动性、宣传鼓励与说服力、口头沟通能力、企业管理能力、人际协调能力、自信、创新能力、心理承受力等。这些素质和能力是通过被测评者在讨论中所扮演的角色（如主动发起者、指挥者、鼓动者、协调者等）及其行为来判断的。

（三）人员甄选的程序

人员甄选的一般程序：

第一，应聘资料分析与筛选。通过人工或电子信息处理方式，企业对求职者的申请表、简历信息、推荐材料等进行审查，对其任职资格标准进行初步比对，筛选出参加后期考核的候选人。

第二，初步测验。通过一般性考查、专门性测试、初步面谈、一般能力测验或书面测验（笔试）等方式，对被考核人的知识、能力、个性特征、职业倾向进行测试。该阶段的测试可以委托社会上的专业人才测评机构去完成。

第三，面试。申请者将在这一阶段与面试官进行面对面的沟通和交流，面试官可依据任职资格提出各种类型的问题，要求应试者回答，从而根据应试者的现场表现来评价其与空缺职位的匹配程度。面试通常会进行 1 ～ 3 轮。

第四，面试评价。面试结束后，企业需要对面试的过程和结果进行梳理，并形成综合性的评价。

第五，体格检查。对面试结果评价符合空缺职位任职资格的候选人进行身体健康状况检查。

第六，录用决策。进入最终正式录用阶段。

二、人员录用决策

人员录用是依据选拔的结果做出录用决策并进行安置的活动，其中最关键的内容是做好录用决策。录用决策是依照人员录用的原则，把选拔阶段多种考核和测验结果组合起来进行综合评价，从中择优确定录用人员。下面主要介绍三类录用策略：

第一，多重淘汰式。多重淘汰式的每种测试方法都是淘汰性的，应聘者只有在每种测试中都达到一定水平，方能在依次通过各项测试后，成为最后可能的合格者。该方法是依次实施多种考核与测验项目，每次均采取"末位淘汰"法，即每次淘汰若干低分者。最后按面试或测验的实得分数，给全部通过考核项目者排出名次，择优确定录用名单。

第二，补偿式。补偿式的不同测试成绩可以互为补充、综合平衡，最后根据应聘者在所有测试中的总成绩做出录用决策。如分别对应聘者进行笔试与面试，再按照规定的笔试与面试的权重比例，综合算出应聘者的总成绩，最后决定录用人选。需要注意的是，由于权重比例不一样，录用人选也会有差别。

第三，结合式。所谓结合式指的就是淘汰式和补偿式的结合使用。例如，应聘者只有通过部分淘汰性的测试内容后才能参加其他测试。

在完成一系列的测试之后，具有胜任力的申请者将会进入录用阶段。录用阶段包含两项活动：一是背景调查。背景调查一般采用电话或信函的方式进行，调查前需要经过应聘者的同意，请应聘者提供原单位的人力资源部门、相关同事的联系方式，由企业招聘人员向应聘者的原工作单位进行与工作相关内容的核实与了解。二是录用手续。录用手续的办理是确定员工身份的依据。一般来讲，人员录用工作主要包括确定并公布录用名单、通知应聘者、签订试用协议、办理入职手续等步骤。

第三节　人力资源的有效配置

人力资源配置就是通过一系列人力资源管理手段把符合组织发展需要的各类人员及时、合理地安排在岗位上，并与经济资源相结合，开展组织运营的过程。

一、人力资源的配置原则

人力资源管理要做到人尽其才、才尽其用、人事相宜，最大限度地发挥人力资源的作用。科学合理地配置人力资源应遵循以下原则：

第一，要素有用。任何要素都是有用的，没有无用之人，只有没有用好之人。人力资源配置就是为所有人员找到和创造发挥作用的条件。要素有用原则强调优势定位，一方面，员工要根据自己的兴趣和能力设计职业发展目标；另一方面，管理者需要辩证地看待员工的优势与不足，将员工安排到最有利于其发挥优势的岗位上。

第二，能级对应。合理配置人力资源，提高人力投入产出比率，首先要充分了解人力资源的构成和特点。人力资源质量由身体状况、教育程度、实践经验等因素影响而存在个体差异。承认不同个体之间能力和水平的差异，是为了在使用人力资源时，做到"大才大用、小才小用、各尽所能、人尽其才",使每一个人所具有的能级水平与所处的层次和岗位的能级要求相对应。

第三,互补增值。互补增值原则是在承认个体多样性和差异性的基础上,在人员分配与安置上扬长避短,增强互补性,使人力资源系统的整体功能得到强化,从而产生"1+1＞2"的增值效应。互补增值主要体现在知识互补、气质互补、人格互补、能力互补、性别互补、年龄互补等方面。

第四,动态适应。动态适应原则是指当人员或岗位要求发生变化的时候,要适时地对人员配置进行调整,以保证将最合适的人安排在最合适的工作岗位上。从组织内部的劳动者个人与工作岗位的关系来看,无论是由于岗位对人的能力要求提高了,还是由于人的能力提高而要求变动岗位,都要求企业及时地了解人与岗位的适应程度,并做出调整,以达到"人适其位、位得其人"的目的。

第五,弹性冗余。弹性冗余原则要求在人与事的匹配过程中,既要使工作量达到满负荷,又要符合劳动者的生理和心理要求,不能超越身心的极限,确保对人、对事的安排留有余地,既给劳动者一定的压力和紧迫感,又保障所有员工的身心健康。总之,企业应根据岗位类别、行业、工作环境等具体情况的不同,把握好度。

二、人力资源的空间配置

企业人力资源与其他经济资源相结合产出各种产品的过程,就是人力资源在空间和时间上实现多维度有效配置的过程。企业人力资源空间配置主要包括招聘岗位配置、劳动分工协作、任务指派、工作地组织等内容。

(一) 招聘岗位配置

招聘岗位配置有三种基本方法:以人为标准进行的配置、以岗位为标准进行的配置和以双向选择为标准进行的配置。

第一,以人为标准进行的配置。从人的角度,根据每人得分,为其安排得分最高的岗位。使用这种方法可能出现的问题是,几个人同时在某岗位上得分最高,但结果只能选择一名员工,而其他优秀的人才被拒之门外。

第二,以岗位为标准进行的配置。从岗位的角度出发,每个岗位都要挑选测试得分最高的人员,以保证组织效率达到最高。使用这种方法可能出现的问题是,一个人同时被几个岗位选中,而有些岗位出现空缺的现象。

第三,以双向选择为标准进行的配置。单纯以人为标准或者以岗位为标准进行配置,均有难以克服的问题，因此，可采用双向选择的方法进行配置，即在岗位和应聘者两者之间进行必要的调整，以满足岗位与人员配置的要求。采用双向选择的配置方法，对岗位而言，有可能导致得分最高的员工不能安排到该岗位上；对员工而言，有可能没有被安排到其得分最高的岗位上工作。但该方法综合平衡了岗位和人员两方面的因素，现实又可行，能从总体上满足岗位人员配置的要求，效率较高。

（二）劳动分工协作

1. 企业劳动分工的形式

企业劳动分工是把生产、服务过程分解为若干局部的劳动，各局部的劳动既相互联系，又各自独立，具有专门的职能。企业劳动分工的形式有以下三种：

（1）职能分工。企业全体员工按所执行的职能进行分工，一般分为工人、技术人员、管理人员、服务人员及其他人员。这是企业劳动组织中最基本的分工，是研究企业人员结构、合理配备各类人员的基础。

（2）专业分工。专业分工是职能分工下的第二层次的分工。例如工程技术人员及管理人员可以按专业特点分为设计人员、工艺人员、计划人员、财会人员、统计人员等。

（3）技术分工。技术分工是指每一专业内部按业务能力和技术水平进行的分工。例如技术人员可分为助理技术人员、技术员、助理工程师、工程师和高级工程师。

2. 企业劳动协作

企业劳动协作就是将各方面、各环节的劳动组织起来，相互配合、协同劳动的形式。作业组是企业中最基本的协作关系和协作形式，它是在劳动分工的基础上，把为完成某项工作而相互协作的有关人员组织起来的劳动集体。

（三）任务指派

企业在劳动组织过程中，为了提高人力资源配置的有效性，可以采用运筹学的数量分析方法。例如，在解决员工任务指派问题时，企业普遍采用的匈牙利法，就是实现人员与工作任务配置合理化、科学化的典型方法。

企业在应用匈牙利法解决员工任务合理指派问题时，应当具备两个约束条件：一是员工数目与任务数目相等；二是求解的是最小化问题，如工作时间最小化、费用最小化等。

（四）工作地组织

工作地组织就是在合理分工协作的基础上，使工作范围内的劳动者、劳动工具与劳动对象的关系达到最优的组合。工作地组织的基本内容包括合理装备和布置工作地、保持工作地的正常秩序和良好的工作环境、正确组织工作地的供应和服务工作。

三、人力资源的时间配置

对于企业来说，时间配置的主要任务是建立工作班制，组织好工作轮班以及合理安排工时制度。企业的工作班制有单班制和多班制两种。工作轮班是指在实行多班制生产条件下，组织各班人员按规定的时间间隔和班次顺序轮流进行生产活动的一种劳动组织形式，体现了劳动者在时间上的分工协作关系。

（一）工作班制

单班制是指每天只组织一班生产，组织工作比较简单，主要是促进不同工种之间的相互配合，充分利用工作班内的时间。多班制是指每天组织两班、三班或多班进行轮班生产。

企业是实行单班制还是多班制，主要取决于企业生产活动的特点和规律。工艺过程是不能间断进行的，例如发电、化工、石油、冶金等行业的主要生产过程要求连续生产，必须实行多班制。而工艺过程可以间断的行业，可根据企业生产的任务、经济效益和其他生产条件而定。一般来说，实行单班制不利于厂房、机器设备的充分利用，但员工的工作生活有规律，有利于人的身心健康，劳动组织任务也比较简单。而实行多班制有利于充分利用机器设备，缩短生产周期，合理使用劳动力，但企业需要组织工作轮班，组织任务较为复杂。

（二）工作轮班

工作轮班是指企业在生产作业工作日内，为保证作业活动的协调持续进行，组织不同生产班次进行生产作业的形式。不同企业需要根据自己的工艺特点、生产任务、人员数量及其他相关生产条件，选择不同的轮班组织形式，如两班制、三班制和四班制等。

工作轮班要兼顾企业生产效益和员工的利益，尊重员工的心理、生理特点。一般来讲，企业安排轮班须处理好以下三个问题：一是合理配备各班人员力量，平衡数量与素质，保证各班生产的相对稳定；二是合理安排倒班和轮休；三是加强组织管理。

第四章　员工培训开发与职业生涯管理

第一节　员工培训开发概述

一、员工培训与开发的概念界定

从传统意义上讲，培训与开发在定义上很难划分，因为二者实质是一样的，都是要通过改善员工的工作业绩来提高企业的整体绩效，只是二者的侧重点略有不同。

培训更多的是侧重短期目标的行为，是向新员工或现有员工传授其完成本职工作所必需的基本技能的过程。培训的目的是使员工掌握目前所需要的知识和技能，并迅速将其运用到本职工作中，在更短的时间内给企业带来经济价值。而开发往往是一种侧重长期目标的行为，主要是指管理开发，指一切通过传授知识、转变观念或提高技能来改善当前或未来管理工作绩效的活动。开发的目的是使员工掌握将来所需要的知识和技能，以应对未来的工作中可能会出现的新问题。

对企业而言，培训与开发是注重员工个人与组织当前和未来发展需要相匹配的、重要的人力资源开发工作，都是企业为了使员工获得与工作有关的知识和技能，或改变员工工作动机、态度和行为，提高员工的绩效及员工对企业目标的贡献，所做的有计划、有系统的工作。因此，本书认为，员工培训与开发是组织为了使员工获得或改进知识、能力、态度和行为，提高组织工作绩效，实现员工和企业共同发展的目的，有计划进行的系统化的教育训练与开发活动。

二、员工培训与开发的意义、特点

（一）员工培训与开发的意义体现

企业若想在市场竞争中立于不败之地，首先要考虑的就是如何使自身获得竞争优势，这就凸显了企业对于员工培训与开发工作的重要性，具体意义体现在以下几方面：

第一，有助于企业适应外部环境的变化。企业的发展是内外因共同作用的结果。从外因来看，企业所处的环境随时会变化。作为企业，就要在充分了解外部环境变化的同时，利用并抓住外部环境所赋予的各种机遇和条件。从内因来看，企业也要不断通过内部的调整、变革以适应外部环境的变化。外因通过内因起作用，企业要在市场竞争中健康稳步地发展，其关键就在于企业内部的机制问题，而如何提高员工的素质、调动员工的积极性和创造性等问题，也就成了问题的关键。企业只有不断对员工进行培训与开发，才能使其在跟上时代发展的同时，适应技术及经济更新的需求。

第二，有利于企业提高工作绩效。接受过培训的员工，不仅能更好地掌握新技术和新方法，提高工作质量和工作效率，进而提高企业效益，也能在工作中减少失误，减少消耗和浪费，降低因失误造成的损失，而且能够更彻底地理解企业的方针、政策和管理要求，对企业进行的监督、指挥和协调工作有更高的认识。

第三，有助于满足员工自身发展的需要。员工都有一种追求自身发展的需要，这种需要表现在希望学习新的知识和技能，希望接受具有挑战性的任务，并从中得到成就感和满足感，希望获得晋升的机会等，而这些需要都离不开培训。而且对于多数员工来说，能够在工作中获得更为宽广的知识层面和更为合理的知识结构，对其自身未来的发展也有着重要影响。同时，培训对担负一定责任的各级领导者来说更为重要。他们知识面的拓展、视野的开阔、领导水平的提高和决策能力的增强，都需要通过有效的培训才可以获得。

第四，有助于建立优秀的企业文化。企业文化对企业有很重要的作用，而培训是建立、传播企业文化的重要方式。优秀的企业文化以人为本，把企业的发展与员工的发展结合起来，把提高员工素质与企业的长远发展结合起来，从而通过提高员工满意度来促使其发挥主动性、积极性，真正把自己融入企业中去。这也正是企业通过培训与开发所要达到的目的。

（二）员工培训与开发的主要特点

从知识与技能获取角度看，培训与开发属于继续教育范畴，具有以下几个特点：

第一，广泛性。所谓培训与开发的广泛性，首先，是指组织内培训与开发的网络涉及的面广，不仅决策层需要培训，而且中间管理层和一般员工也需要进行培训和开发，体现出一种全员培训的性质；其次，是指培训内容的广泛性，不仅涉及一般管理知识如计划、组织、领导、控制的培训，而且也包括技术、财务、统计、营销、生产等各个经营环节的内容，还包括面向未来的新知识、新技能等。

第二，培训内容的层次性、针对性和实用性。组织内员工培训应该是分层次的，而且要有针对性，对于不同的培训对象、不同知识和文化背景、不同工作任务及不同知识和技术需要的员工，培训的内容和重点应有所不同。一般员工侧重于一般知识和最基本技能，解决基础知识和技能差等问题，防止员工工作技能退化；中间管理层主要应解决拓宽知识面、掌握管理知识和技能问题；高层决策者应主要解决创新和企业家经营意识等问题。同时，培训形式和培训内容要做到理论与实践相结合，不能和实际工作脱节，要使员工所学到的知识、技能能够适应工作需要。

第三，长期性和速成性。员工的培训与开发是伴随员工在组织内工作全过程的，不能指望一次或几次培训就能解决全部问题，特别是随着现代科学技术的日新月异，新知识、新技术、新行业、新工种不断涌现，对员工培训与开发的需要不仅日益强烈，而且要求培训与开发必须是长期性的、永恒的，就像在学习型社会要树立终身学习观念一样，员工培训与开发也必须树立终身观念，只要员工在组织内工作，培训与开发就应根据需要进行。同时，强调长期性，并不是指一次培训时间的长期化，由于培训所具有的针对实际工作需要的鲜明针对性，每次培训应强调周期短、见效快，特别是技能性培训尤其应如此，以提高培训与开发的效果。

第四，培训组织形式和方法的灵活性、多样化。培训组织形式和方法应该灵活、多样，不应追求统一模式，而决定取舍的原则就是符合实际需要。在时间上，应有长有短，既有短期培训，也有长期培训；在培训组织上，既应有岗前培训，也应包括岗位培训、转岗培训、在职培训、脱产培训等，既应有在国内的培训，也应有出国考察或进修培训，既有定期培训，也有非定期的临时培训等；在培训方法上，既应包括讲座、视听教学、电脑辅助教学（电子学习、远程学习）、讨论会或研讨会等，也应包括角色扮演、情景模拟、商业游戏、个案研究与分析、行为模仿等，做到因材施教、因需施教，并充分发挥员工的主动性和积极性，增强培训效果。

第五，协调性。员工的培训与开发，应视作一个系统工程，它要求各环节、各层次应保持协调，从而使培训与开发网络协调有效地运转起来。首先，应根据组织的发展战略和实际运营需要，制订恰当的培训方案，包括在进行培训需求分析的基础上确定培训对象、培训内容、培训组织形式等；其次，是组织各方面力量实施培训方案，包括根据业务工作需要合理调配培训时间和地点，根据组织经营发展的需要确定员工培训的总量与结构；最后，要对培训效果进行恰当的评估、总结，找出成绩与不足，使培训与开发工作能够满足整个组织运转的需要。

三、员工培训与开发的原则、内容

（一）员工培训与开发的基本原则

由于行业差异、地区差异，以及企业间的差异，企业开展员工培训活动时大都有自己的准则，该准则即是员工培训的原则。

第一，服务企业战略规划的原则。战略规划是企业的最高经营纲领，对企业各方面的工作都具有指导意义。培训作为人力资源管理系统的一个组成部分，自然也要服从于企业的战略规划。培训工作的实施，应当从企业战略的高度出发来进行，绝不能将二者割裂开来，只就培训谈培训。

第二，目标原则。目标对人们的行为具有导向作用，因此，在培训的过程中也应该贯彻目标原则。在培训之前为受训人员设置明确的目标，不仅有助于在培训结束之后进行培训效果的衡量，而且更有助于提高培训的质量，使受训人员在接受培训的过程中具有明确的方向，并且具有一定的学习压力。

第三，差异化原则。培训在普遍性的基础上更强调差异化。差异化原则有两层含义：一是内容上的差异化。培训的目的是改善员工的工作能力，因此，培训的内容必须与员工的工作有关。而在企业中每个职位的工作内容都是不一样的，每个员工的工作业绩也是不同的，故在培训时应当根据员工的实际水平和所处职位确定不同的培训内容，进行个性化的培训，这样的培训与开发才更有针对性。二是人员上的差异化。虽然培训与开发要针对全体员工来实施，但这绝不意味着在培训过程中就要平均使用力量，在培训中企业应当向关键职位倾斜，特别是中高层管理人员和技术人员。

第四，激励原则。为了保证培训与开发的效果，在培训过程中还要坚持激励原则，这样才能更好地调动员工的积极性和主动性，使其以更大的热情参与到培训中来，提高培训的质量。这种激励的内容是广泛的，既包括正向的激励，也包括反向的激励。激励还应当贯穿整个培训过程，例如，在培训前对员工进行宣传教育，鼓舞员工学习的信心；在培训过程中及时进行反馈，增强员工学习的热情；在培训结束后进行考核，增加员工学习的压力。

第五，讲究实效原则。培训的目的在于使员工个人和企业的绩效得到改善，因此，培训应当讲究实效，不能只注重培训的形式，而忽视培训的内容；培训的内容应当结合实际，要有助于绩效的改善；要注重培训成果的转化，培训结束后企业应当创造一切有利条件帮助员工实践培训的内容，要将培训和工作结合起来。

（二）员工培训的内容结构

合理确定员工培训的内容，对于实现培训目标、提高组织绩效具有至关重要的意义。在组织中员工培训是围绕工作需要和提高工作绩效展开的，而从大的方面来说，影响工作绩效的因素可分为三类：一是员工所掌握的知识，包括理论知识和业务知识；二是员工的业务技能；三是员工的工作态度，包括责任心、敬业精神、奉献精神、对组织的忠诚度等。

实际上，这三类因素也就构成了员工培训的内容结构。

1. 知识培训

与工作有关的各方面知识是员工培训的首要内容，组织应通过各种形式的培训使员工学习和掌握相关知识。内容主要包括以下方面：

（1）经济学、心理学、社会学、政治学、文化与伦理学等相关理论知识。

（2）管理学、市场营销学、企业战略管理、财务管理、生产管理、人力资源管理、组织行为学等业务知识。

（3）组织的发展战略、发展目标、经营方针、经营状况、规章制度、组织文化等组织的总体情况。其中，不同的培训对象和不同的培训目标应在培训内容上有所区别、有所侧重，如管理人员应侧重培训计划、组织、领导、控制等管理知识，以及心理学、市场营销学、经济学、人力资源管理等基本的业务知识。

2. 技能培训

员工从事本职工作需要掌握熟练的业务、人事交往等技能，这些技能除了通过干中学之外，主要通过培训获得。这些技能主要包括各项业务操作技能即技术技能、处理人事关系技能即人际技能、谈判技能、计算机运用技能、基本的文秘技能、管理技能等。对于从事不同性质工作和不同职级层次的一般员工和管理人员来说，技能培训的内容是各有侧重的。根据管理学的一般原理，其中对高层管理人员来说，最须培训的是思想技能，即判断与决策能力、改革创新能力、灵活应变能力等；而对中层和基层管理人员培训则主要侧重人际技能和技术技能，如业务操作技能、人际交往技能等。

3. 态度培训

态度是影响工作绩效的重要因素，而员工态度能否转变以适应组织文化和工作需要又主要取决于培训，特别是对新进员工来说，态度培训尤其重要。员工态度是指员工的工作态度，当然也包括员工的工作士气、精神状态等。一般地说，每一个组织都有其特定的组织文化氛围以及与此相适应的行为方式，如价值观、组织精神（如团队精神、敬业精神等）、人际关系等。要想最大限度地提高组织运转绩效，必须使全体员工认同并自觉融入这一氛围之中，这就是所谓的工作态度的转变。组织应通过态度培训，培养员工对组织文化的认同并逐渐融入，建立组织与员工以及员工与员工之间的相互信任关系，培养员工的团队精神，培养员工的价值观和对组织的归属感、荣誉感，培养员工对组织的忠诚等。

上述三方面的内容是培训内容的一般概括，实际上，每一方面的内容都可以进行具体的细分，比如在技能培训方面，就可以细分为最高层管理人员技能培训、管理技能培训、主管技能培训、职业技能培训、营销技能培训、安全和健康技能培训、新员工上岗技能培训等。

第二节　员工培训开发的程序与方法

一、员工培训与开发的程序

员工培训与开发是人力资源管理的一项重要工作，培训与开发工作效果的好坏，无论对员工自身还是对企业的绩效都有着十分重要的影响。而企业想有效开展培训与开发工作，在实践中就需要遵循一定的程序。

员工培训与开发工作的程序是一个由各个环节构成的循环系统。为了保证培训与开发工作的顺利实施，一般要按照下面的程序来进行：培训需求分析、培训计划制订、培训组织与实施和培训效果评估。

（一）培训需求分析

企业不能盲目开展培训与开发工作，只有当企业存在相应需求时，培训与开发才有必要实施，否则进行培训是没有意义的。因此，在实施培训与开发之前，必须对培训的需求进行分析，这是整个培训与开发工作的起始点，它决定着培训活动的方向，对培训的质量起着决定性作用。如果前期的培训需求分析出现了偏差，那么培训工作的实施可能不会达到预期的目的。

1. 培训需求分析的概念界定

所谓培训需求分析，是指在规划与设计每项培训活动之前，采取各种方法和技术，发现员工或团体现有的工作态度、知识、技能中管理水平与实际工作要求之间的差距，从而确定培训必要性及培训内容的过程。

培训需求分析是根据组织的发展战略和员工实际的工作绩效表现得出的。培训需求产生的原因是目前的状况与理想的状况之间存在差距，其实质是员工需要增加或补充的能力与素质。培训需求可用公式表示为：

培训需求＝要求员工具备的能力或素质—员工现在已有的能力或素质

企业对员工的能力水平提出的要求就是"理想状态"，而员工本人目前的实际水平是"现实状态"，两者之间形成了"状态缺口"，企业要努力减小这一"缺口"，从而产生了培训需求。

2. 培训需求分析的不同层面

培训需求分析是确定培训目标、设计培训计划的前提，也是进行培训效果评估的基础，它是做好培训工作的关键。培训需求分析主要从以下三个层面入手，即组织分析、任务分析和人员分析。从组织分析入手，以任务分析为核心，结合人员分析，得出培训的目标、培训的对象和培训的内容。

（1）组织分析。所谓组织分析，是在给定的公司经营战略的条件下，对组织的目标、资源、特质、环境等因素进行分析，准确找出组织存在的问题与问题产生的根源，以明确培训需求的过程。其中，组织资源分析主要是对组织的财力、时间、人力等资源情况进行分析。组织特质与环境分析主要是对组织的系统结构、文化、资讯传播等情况进行全面了解。组织分析的目的是在收集与分析组织绩效和组织特质的基础上，确认绩效问题及原因，寻找可能的解决办法，为培训部门提供参考。

（2）任务分析。任务分析的主要对象是企业内的各个职位，通过任务分析要确定各个职位的工作任务、各项任务的工作标准，以及成功完成这些任务所必需的知识、技能和态度。可以看出，任务分析其实就是前面所讲的职位分析，只是它比职位分析更详细。

（3）人员分析。培训需求分析的第三个层面是解决员工的培训需求问题。人员分析是指将员工个人目前的实际工作绩效与企业的绩效标准进行比照，分析二者之间存在什么差距，来确定谁需要接受培训以及培训的内容。人员分析重点是评价员工实际工作绩效以及工作能力。在以往的培训中，组织不太重视这个层面的需求，所以，容易造成员工被动学习的局面，组织花费较多人力、物力和财力却没有收到理想的培训效果。

组织分析的目的在于提示组织中哪些部门及在何种背景下要进行培训与开发，任务分析则是要有效完成任务必须做什么及如何做、需要什么样的素质标准，人员分析在于揭示谁需要参加培训和需要什么培训，三者存在一种递进关系。

3. 培训需求分析的主要方法

培训需求分析可以通过培训需求信号、申报、任务分析以及观察分析等方法来完成。这些方法各有优势和不足，企业要根据实际情况而定。

（1）培训需求信号法。当销售额发生变化、内部岗位变动、员工在工作中经常发生错误等情况出现时，也就是发出了培训需求信号，这时应该根据这些信号制订不同的培训计划。

（2）申报法。申报法是通过向各部门发放申请表或调查表，来了解各部门培训需求的方法，具体步骤如下：①组织确定年度工作目标，各部门相应确定各自的年度工作目标。②人力资源部门向各部门发放申请表或调查表。③各部门根据各自的年度工作目标并结合个人的培训需求确定本部门的培训需求。④人力资源部门根据公司年度工作目标和各部门上报的培训需求制订组织年度培训计划初稿。⑤征求各部门对年度培训计划初稿的意见，修改后报上级审批。通过上述步骤，就可以得到各部门的最终培训需求信息。

（3）任务分析法。任务分析法也称工作分析法或工作盘点法。对于组织中一些层次较低的工作，通常会聘用没有经验的员工，此时，需要任务分析法来决定工作中需要的各种技能。在进行任务分析时，需要使用工作说明书和工作规范。在工作说明书中，一般都会明确规定：①每个岗位的具体工作任务或工作职责；②对上岗人员的知识、技能要求或资格条件；③完成工作职责的衡量标准。除此之外，还可以使用工作任务分析记录表记录工作中的任务和所需技能。工作任务分析记录表包括工作的主要任务和子任务、各项工作的执行频率、绩效标准、执行工作任务的环境、所需的技能和知识等。显然，依据上述几方面的信息，对比员工个人实际状况，就可以找出需要培训的内容。

（4）观察分析法。观察分析法是通过现场观察，了解员工工作表现，发现工作中存在的问题，获取相关信息的一种方法。为了达到有效观察的目的，企业常常设计和运用一些观察记录表以提醒观察者需要观察记录的项目，从而将员工工作表现完整地记录下来。通过对这些信息整理分析，确定员工的培训需求。第一，被观察者的心理作用。如果被观察者意识到处于被观察状态，就会造成情绪紧张，表现就会失常，观察者观察到的结果就会存在偏差。为避免这一情况出现，应进行多次观察或延长观察时间，对多种观察结果进行综合考虑，最终得出准确的结论。第二，受观察者主观影响。在评价他人时，观察者易受个人主观成见的影响，这会导致评价结果有偏差。避免这个缺陷的办法是增加观察者人数或组成一个观察小组。第三，耗费时间较长。这是观察法的一个突出缺点。

（5）绩效分析法。绩效分析法是考查员工目前绩效与组织理想绩效之间的差距，通过培训缩小这些差距的方法。这种分析方法主要围绕缺陷展开，也称缺陷分析法。员工缺陷有两种：一种是技术上的缺陷，即"不能做"；另一种是管理上的缺陷，即"不想做"。前一种缺陷是指员工工作技能、工作技巧、工作熟练程度、业务知识水平等方面的不足；后一种缺陷是指员工工作态度、领导层的任务分派和指导、信息交流与反馈等方面存在的不足。运用绩效分析法进行培训需求分析的过程，主要围绕下面几项展开：一是工作认知，即员工对自己工作价值的理解和认知，以及对需要具备的工作知识和技能、工作中的行为规范的理解和认知。二是员工自身条件的认知，这里的条件主要指员工的知识、能力、态度和体力等。三是评价结果反馈的认知，主要指员工的上级领导对其工作结果的评价、员工的工作绩效与应该达到的标准绩效的差距幅度。

（6）自我分析法。自我分析法是员工对自己进行分析，对今后发展提出要求，并不断寻求进步的一种培训需求分析法。自我分析法主要是通过员工根据工作感受和自己的职业发展规划，对自身的知识和能力结构进行主观评估，进而确定培训需求。这种方法具有深层性、针对性强和能有效调动员工参与培训积极性的优点。但由于员工很难客观地对自己进行评估分析，会产生不切实际的培训需求。

（7）问卷分析法。问卷分析法是通过对员工填写的"培训需求调查问卷"进行整理、汇总、分析，从而确定培训需求的方法，这也是组织经常使用的一种方法。这种方法的优点是调查面广、资料来源广泛、搜集的信息多，相对省时省力。缺点是调查结果是间接取得的，如对结果有疑问，无法当面澄清或证实，调查对象很容易受问题所误导，获得的深层次信息不够，等等。

（8）前瞻性培训需求分析法。前瞻性培训需求分析法是以组织未来发展需要为依据，确定员工培训需求的方法。随着技术的不断进步和员工在组织中成长需要的变化，即使员工目前的工作绩效是令人满意的，也可能会因工作调动或为职位晋升做准备、为适应工作内容要求的变化等原因提出培训要求，甚至员工个人的职业生涯发展计划也会对培训提出前瞻性的要求。同时，在组织的发展过程中，会不断产生对员工新的、更高的知识和能力等方面的要求。因此，开展前瞻性培训开发是培训工作的重点之一。

前瞻性培训需求分析模型建立在未来需求的基点上，使培训工作变被动为主动，并且充分考虑企业发展目标与个人职业发展规划的有效结合，为组织与个人发展准备一个结合点。前瞻性培训需求分析模型的特点是：在员工当前工作绩效满意的情况下，进行前瞻性分析，以便为未来发展做准备，其中包括企业发展和员工个人职业发展。

（二）制订培训计划

在企业进行了培训需求分析之后，下一步的工作便是制订员工的培训计划，以此来指导培训的具体实施。培训计划是企业培训的重要组成部分，它决定了整个培训过程的成功与否。因此，制订一份规范、详细且实用的培训计划，可以确保培训工作顺利开展并提高培训质量。具体来说，培训计划应包括以下几方面内容：

1. 培训目标

培训目标是培训活动的目的和预期成果。培训目标可以针对每一培训阶段设定，也可以面向整个培训计划来设定。在确定培训目标的过程中，需要注意的是目标的设立与评价标准密切相关，因此培训目标应该是可以衡量的。培训目标的设定应包括两个要素：一是操作，即员工在培训后要学会做什么；二是标准，只有规定了明确的标准，才能有效测量培训结果。

2. 培训对象

培训对象就是培训目标适用的对象。虽然所有员工都需要培训，但由于企业的资源有限，不可能提供足够的资金、人力、时间进行漫无边际的培训，所有员工不一定都需要培训到同一个层次或同等程度，或安排在同一时间培训，必须有针对性地确定单位急需人才培训计划，根据组织目标的需求挑选被培训人员。企业培训时应重点考虑以下这些员工：

（1）新进员工。对新进员工进行培训，可以使他们顺利进入工作状态，有一个良好的工作开端，更好地为企业的发展做贡献。

（2）有能力且符合企业发展的员工。他们可能是企业的技术骨干，为更新知识或发展成为复合型人才而需要进行培训；另外，由于转岗的需要，培训可以使员工承担或胜任新岗位的工作。

（3）有潜在能力的员工。有潜在能力的员工具有一定的创新能力和创造力潜质。对他们进行培训，目的是进一步挖掘和激发其潜在的才能。企业往往期望他们通过培训，掌握各种不同的管理知识和岗位技能，让其进入更复杂、更重要或更高层次的工作岗位。

（4）有特殊需求的员工。有特殊需求的员工主要有两种类型：第一类是能为企业各种突发情况提供应急技能；第二类是指对自己有特殊需求，有很强的培训参与欲望的人。

3. 培训内容

培训计划中必须介绍培训内容，也就是确定培训什么的问题。不同的培训，由于具体的目的不同、任务不同、培训对象不同，培训内容也就不同。笼统地讲，培训可以是为了提高员工专业技能而进行的培训，也可以是对员工进行企业文化的培训等，但培训内容的选择还必须考虑以下两方面的因素：一是要和组织的目标相一致，二是必须具有由学到用的可转化性。企业对员工的培训与学校常规教育有所区别。企业培训是以提高工作岗位的工作效率和水平，改进工作绩效为核心和直接目的，因此，培训应该选择侧重于那些能够指导工作实践或是具有可操作性的内容，关注培训与实践的结合。另外，由于培训对象的不同，具体培训内容的选择也有所不同。

4. 培训时间

一份具体的培训计划要有明确的培训时间和期限。一般而言，培训时间可以根据培训的目的、培训的场地、培训教师、被培训者的能力及上班时间等因素而决定。一般新员工的培训可在实际从事工作前实施，培训时间可以是一周至十天，甚至一个月；而在职员工的培训，则可以以培训者的工作能力、经验为标准来决定培训期限的长短。培训时间的确定以尽可能不影响工作为宜。

5. 培训地点

培训计划中还要明确培训地点，是指培训在什么地方和什么环境下进行。通常合适的培训地点有助于创造有利的培训条件，进而增强培训的效果；同时，培训地点的选择又受培训方式的制约。例如，采取讲授法，需要适当的教室；采取讨论法，需要合适的会议室；采取游戏法，则应选择活动空间足够大的地方。此外，地点的选择还要考虑培训人数及经费等因素。

6. 培训方法

培训方法解决的是确定如何培训的问题。选择哪些培训方法，是培训计划的主要内容之一，也是培训成败的关键因素之一。培训的方法有很多，不同的方法有不同的特点，也会带来不同的效果，企业应该结合自身的情况以及预期的效果选择合适的方法。

7. 培训预算

培训预算是指对一段时间（通常是 1 年）内，用于组织内部培训所需要全部开支总和所进行的概算。培训预算既是为了做好资金运用计划，又是培训管理工作量化的表现形式，是未来培训计划实施和控制的重要依据和衡量标准。

一般可以把培训经费分为直接培训费用和间接培训费用。根据培训项目的实施过程，培训费用包括：场地费、食宿费、培训器材费、教材费、教育培训相关人员工资、外聘教师讲课费以及交通差旅费。间接培训费用是指由于培训带来的机会成本和生产力浪费。由于学员来学习，不能去工作，因而不仅要支付其工资，而且为了维持正常的生产运行，还必须请人代替，否则会导致生产设备的闲置等生产力浪费的现象。

（三）培训组织与实施

制订好科学的培训计划，接下来便是培训计划的组织与实施阶段。这个阶段的主要工作是针对培训的需求特点，制定具体的培训方法和手段，按照设计完成培训计划，实施具体的培训。此阶段的特点是，对培训的技术要求较强，也较为具体。在实施员工培训时，培训者要完成许多具体的工作任务。

1. 做好培训准备工作

（1）培训氛围准备。选择和布置培训场所主要从硬件角度考虑，而营造良好的培训环境则更多从培训兴趣、培训动机、培训氛围等各方面着手。具体做法是：通过种种激励措施来引导员工接受培训。例如，把员工在培训时的表现与年终考评结合起来，把参加培训列为员工晋升和调动工作的必备条件；也可以增加工作的竞争程度，使员工有危机意识，从而主动参加培训；还可以向员工阐明职业生涯发展的道理，让员工感到培训对员工本身的发展有较大的帮助。

（2）选择培训教师。员工培训的成功与否与所选择的培训教师有着很大关系。特别是新时代的员工培训，教师已不仅是传授知识、态度和技能，甚至对受训者的职业生涯都有着极其重要的影响。因此，选择的培训教师，首先，要有良好的品质和职业道德；其次，要有完备的知识；再次，要有丰富的经验；最后，要有有效的沟通，包括良好的表达能力，为人热情且受人尊敬。

（3）培训工具的准备。①运用展示架。把有关资料贴放在上面，让学员得到额外的辅助信息，加深对培训主题的进一步理解，增强培训效果。②利用录音和摄像设备。这时要避免学员陷入被动的"看电视"中，注意使用录像教学过程中的双向交流。③使用计算机。近年来发展起来的机上培训，使得员工不用再到生产线上实施操作，只须把培训软件装入计算机内，即可以在计算机上进行模拟操作，出现错误后，也可以在机上修改，大大降低了成本费用，方便了培训工作，使培训工作上了一个更高的新台阶。例如，美国戴尔公司在某一新产品投放市场前，员工就可以从网上获得关于该产品图文并茂的详细说明，从中可以了解如何安装和使用新产品。相对而言，机上培训已充分显示出快捷和实用的优点，教室培训已处于次要地位。

2. 分工配合

培训项目的实施往往不是一蹴而就的，特别是一些大中型的培训项目，组织工作非常复杂，因此，有必要将培训实施过程涉及的所有工作按照类别进行分工，然后安排在某一方面有专长的人员具体负责相关工作的落实，培训管理者随后及时跟进和沟通，以便及时发现问题并采取纠偏措施。

3. 培训控制与管理

（1）收集培训相关资料。需要收集的资料包括培训需求评估报告、培训实施计划方案、组织内部中长期培训计划方案、以往的培训实施计划方案及其评估报告、来自高层决策者的意见、本年度的培训资源分配计划、培训师资料、课程大纲、培训地点及设施情况介绍等。

（2）比较现状与目标之间的差距。要明确现状与目标之间的差距，也就是培训实施计划所要解决的问题，为培训实施确立整体方向。

（3）培训计划纠偏。这里会出现三种情况：一是培训实施完全符合要求，不需要进行纠偏。二是轻度纠偏，即在培训实施中过程发现原定计划中有些地方欠妥，如人员分工、课程编排次序和工作进度的协调等。这种情况下一般只要对培训计划进行必要的修改即可达到要求。三是重度纠偏，如原邀请的顾问不合适或不能出席、培训的投入过多或过少、培训场地安排不合适和培训组织工作出现漏项等。出现这种问题时就要对培训计划做"大手术"。召开培训计划专题讨论会议，讨论解决方法，并同时对培训计划的相应部分做出修改。

（4）公布并跟进落实。这包括两方面：一是让培训项目相关人员明确自己的具体工作职责，掌握整体培训项目的有关情况。二是起到培训动员的作用，使培训对象做好参加培训的准备，不至于临时打乱工作或缺乏必要的心理准备。

（四）培训效果评估

培训效果评估是指企业在培训之后，通过一定的方法对培训效果进行分析和评价。培训效果评估是培训工作中不可缺少的重要环节，是衡量企业培训效果的重要途径和手段。通过评估，管理者可以知道培训使学员的知识得到了怎样的提高，学员的工作表现发生了怎样的变化。同时，企业可以对当年培训的效果有一个反馈，对下一年度的培训工作起到很好的借鉴作用。

1. 反应层评估

反应层评估就是针对学员对课程及学习过程的满意度进行评估。它要评价学员对整个培训过程的意见和看法，对培训计划是否满意、是否认为有价值，包括对培训的内容、培训教师的水平、培训的方式、教材、时间安排和环境设施等各方面的反应程度。

对这项指标的评价，最简单的方法就是询问学员对培训的感觉。一般可以采用问卷、面谈、座谈、电话调查等方式。反应层评估一般是在培训结束后进行，也可以在培训一段时间后进行。

反应层评估是最基本、最普遍的培训评估方式，容易操作，方法简单，但它的缺点也显而易见。比如：有的学员因为对培训教师有好感而给课程高分，有的因为对某个因素不满而全盘否定课程。通常来说，大多数学员都很感性，有时候往往会凭表面印象进行评价，而不会仔细思考自己究竟从培训中学到了些什么，面对这样的评估结果，显然很难真正知道通过培训，学员的知识、技能和态度与培训前相比到底有哪些改进与提高。另外，学员对于问卷表的填写也有一定的随意性。

2. 学习层评估

学习层评估，就是评估学员在知识、技能或态度等方面学到了什么，即针对学员完成课程后，所保留的学习成效进行评估。正确评估学员的学习结果在培训评估中十分重要，因为如果没有知识、技能或态度的获得和改变为基础，就很难达到行为和结果的改变。学习层评估一般采用书面测验、情景模拟和操作测验等方式进行。

学习层评估的时间，一般是在培训现场或培训结束之后。学习层评估对学员和培训教师会有一定的压力，好处是学员和培训教师对培训会更加认真对待，但要注意测试方法的难易度。对那些基于知识的培训采用考试的方式较好。

3. 行为层评估

行为层评估，就是指员工的工作行为方式有多大程度的改变，即针对学员回到工作岗位后，其行为或工作绩效是否因培训而有预期中的改变进行评估。行为指标水平可以由内部人员测定，也可由外部人员测定。内部人员指受训者的直接管理者，外部人员指人力资源专家和顾客。

行为层评估的评估时间，通常在培训结束后3个月进行。评估方法主要有问卷调查法（主要通过同事、上下级来收集数据）、面谈法、观察法（一般技术操作类培训可以采用这种方式）和行动计划法（这是在培训追踪中较常使用的一种方法，要求学员列出培训后须改进的地方并形成计划，定期按计划保持追踪）。

4. 结果层评估

结果层评估，主要是评估学员对组织经营成果有何直接且正面具体的贡献，并且还要确定这些变化是不是培训的效果。例如产量增加、效率的改进、不良率的减少、成本费用的减少、抱怨的减少、意外事故的降低以及离职率的降低等。

结果层评估的时间，一般是在培训后半年或一年。评估内容主要是与该培训内容直接相关的绩效指标。评估方式主要采用培训前后绩效周期的绩效结果对比。这是建立在行为评估基础上的评估，只有行为的改变，才有可能将绩效结果的改变与培训挂钩。

二、员工培训与开发的方法

在实践中，进行培训与开发时有很多种方法可供选择，培训方法选择的恰当与否对于培训的实施以及培训效果具有非常重要的影响。企业在进行培训时，应当根据培训内容、培训对象、培训目的以及培训费用等因素选择合适的方法。

培训的方法，按照不同的标准可以划分为不同的类别。这里我们主要按照培训的实施方式将培训的方法分为两大类：一是在职培训；二是脱产培训。

（一）在职培训

在职培训就是指员工不离开自己的职位，在实际工作岗位和工作场地进行的培训。这种方法的优点是：员工的工作不会受到影响，可以一边接受培训一边工作；培训的实用性比较好，培训时的环境就是实际工作的环境；员工可以立即将培训的内容运用到实际工作中去，可以及时得到反馈；培训的费用比较低，不用专门购买设备。其缺点是：员工的培训过程容易受到外界因素的干扰，造成培训间断，从而影响学习效果；会影响正常工作，可能导致工作效率降低。有些工作本身的特点决定了不能使用这种方法，如司机、飞行员的培训。在职培训的方法主要有以下几种：

1. 学徒培训

简单地说，学徒培训是一种"师傅带徒弟"的培训方法，由经验丰富的员工和新员工结成比较固定的"师徒关系"，并由师傅对徒弟的工作进行指导和帮助，这种培训方法大多用于那些需要一定技能的行业，如电工、美发师和木匠等。这种方法的优势是比较节约成本，而且有利于工作技能的迅速掌握。其弊端是会影响师傅的正常工作，降低工作效率，还容易形成固定的工作思路，不利于创新。在高科技企业，这种形式被称为"导师制"，如国外的摩托罗拉和国内的华为公司都采用了这种培训方法。

2. 辅导培训

辅导培训是受训者以一对一的方式向经验丰富的组织成员学习的方法，辅导者通常是年长或有经验的员工，可以是企业中任何职位的人。这种方法有些类似于学徒培训，不同的是辅导者的身份不一定就是师傅，可以以朋友、知己或者顾问的身份来对受训者进行辅导，二者的关系也不像学徒培训中的师傅与徒弟那样紧密。为了保证辅导的效果，辅导者与受训者的兴趣必须一致，必须相互理解对方的心理。

3. 工作轮换

工作轮换是通过调动员工工作职位的方式来进行培训的方法，通过职位的变化可以丰富员工的工作经验，拓宽他们的知识面，增加他们的技能，使他们了解其他职位的工作内容，从而能够胜任多方面的工作。

实行工作轮换，要考虑员工的个人能力以及他的需要、兴趣、态度和职业偏爱，从而选择适合他的工作。工作轮换时间长短取决于培训对象的学习能力和学习效果，而不是机械地规定一定时间。这种方法鼓励"通才化"，适用于对通用型的管理人员进行培训。如果要对专家型的人员进行培训，采取这种方法的效果就不是很理想。

（二）脱产培训

脱产培训就是指员工离开自己的工作岗位专门参加的培训，这种培训方法的优缺点与在职培训恰恰相反。脱产培训的方法主要有以下几种：

1. 授课法

授课法是最普遍也最基本的一种培训方法，就是通过培训者讲授或演讲的方式来对受训人员进行培训。这种方法的优点是可以同时对一大批受训人员进行培训，成本比较低。培训者能够对培训过程进行有效控制。其缺点是讲课的内容往往比较概括和一般化，因此要求受训人员同质程度比较高，如文化程度和工作要求要比较相似，以便使培训者讲得更具体和实用。这种方法主要是一种单向沟通的方式，很少有对话、提问和讨论的机会，缺乏反馈和练习，受训人员比较被动，没有练习的机会，不适用于技能的培训。因此这种方法大多用于一般性的知识培训。

2. 讨论法

讨论法是指由培训者和受训者共同讨论并解决问题的一种培训方法。实践中，首先由培训者综合介绍一些基本的概念和原理，然后再围绕某一主题进行讨论，这也是应用比较广泛的一种方法。

讨论法的优点在于：受训人员能够参与到培训活动中来，可以提高他们的学习兴趣，有利于受训人员积极思考，加深对学习内容的理解。在讨论中可以相互学习，有利于知识和经验的共享。此外，还可以同时培养他们的口头表达能力。这种方法的缺点是：为了保证讨论的效果，参与的人数不能太多，不利于对基本知识和技能的系统掌握，讨论过程中容易偏离主题，因此对主持人的要求比较高。

3. 案例分析法

案例分析法是指给受训者提供一个来自现实的案例，首先让他们自己独立分析这个案例，然后再与其他受训者一起讨论，从而提出自己对问题的解决办法。

案例分析法的优点在于：案例大多来自现实，通过对案例的分析，有助于解决类似的实际问题。案例分析强调个人的独立思考，对培训者的依赖程度比较低，因此有助于培养受训人员独立分析问题和解决问题的能力。它的最终目的不是给出一个确定的答案，而是借助这种方式，教会受训人员如何分析问题和解决问题。这种方法的缺点是：案例的收集和提炼往往比较困难，案例虽然来自现实，但又不能是现实的直接反映，而要经过一定的加工。此外，这种方法对培训者的要求也比较高，要求能够给受训者以启发。

4. 角色扮演法

角色扮演法是指给受训人员提供一个真实的情境，让他们在其中分别扮演不同的角色，做出他们认为适合于每一种角色的行为，表现出角色的情感。在扮演过程中培训者随时加以指导，在结束后组织大家讨论，以各自对扮演角色的看法来发表意见，这其实就是通常所说的"换位思考"。这种方法比较适用于训练态度仪容和言谈举止等人际关系技能，比如询问、电话应对、销售技术和业务会谈等基本技能的学习和提高。

角色扮演法的主要优点是：学员参与性强，学员与培训教师有较多的互动，可以提高学员参与培训的积极性；参加者能较快熟悉自己的工作环境，了解自己的工作业务，掌握必需的工作技能，尽快适应实际工作的要求；学员既能发挥个人的表演天赋，也能从角色的演练中获得实战经验和技巧，一方面发挥了员工的主观能动性，另一方面也能发现员工存在哪些尚待挖掘的潜质，以利于更好地开发员工的潜质。

5. 工作模拟法

工作模拟法是指利用受训者在工作过程实际使用的设备或者模拟设备，以及实际面临的环境来对他们进行培训的一种方法。这种方法的优点在于：由于与实际工作比较接近，培训效果比较好；能够对培训的过程加以有效控制，可以避免在实际工作中进行培训而造成的损失。其缺点是：培训的费用比较高，不可能做到与真实的工作完全一样，也存在培训的转化问题。这种培训特别适合那些出现错误的代价和风险比较高的工作，如飞行员的培训、管理决策的培训等。

6. 网络培训法

近些年来，随着计算机和网络技术的发展，利用网络进行培训的方法被广泛应用。网络培训法是指通过公共的因特网或企业的内部局域网来传递，并通过浏览器来展示培训内容的一种培训。这种方法突破了传统培训的固有模式，打破了培训的时间和空间限制，培训者和受训者不必面对面地进行培训，这是培训与开发的重大突破。这种方法的缺点是，需要建立良好的计算机网络系统，因此培训的成本比较高。此外，有一些内容无法用这种方法展现，如设备的操作培训、人际关系交往能力的培训等。

7. 拓展训练

拓展训练是一种以提高心理素质为主要目的，兼具体能和实践的综合素质训练，它以运动为依托，以感悟为目的。这种培训方式与传统的知识培训和技能培训相比，少了一些说教和灌输，多了一些运动中的体验和感悟。拓展训练能使受训学员激发个人潜能，培养乐观的心态和坚强的意志，提高沟通交流的主动性和技巧性，树立相互配合、相互支持的团队精神，极大增强合作意识，从而达到提高员工心理素质的目的。

8. 虚拟培训法

虚拟培训法是指利用虚拟现实技术，生成实时的、具有三维信息的人工虚拟环境进行培训。受训者通过运用某些设备接受和响应该环境的各种感官刺激而进入其中，并可根据需要通过多种交互设备来驾驭该环境以及用于操作的物体，从而达到提高受训者各种技能或学习知识的目的。

虚拟培训法的优点是：虚拟培训中操作的设备和真正的设备功能一样，操作方法也一样，理想的虚拟环境甚至能让学员无法辨出真假。虚拟环境具有超时空的特点，它能够将过去、现在、未来，微观、宏观等世界拥有的物体有机结合到一起。受训者能够自主选择或组合虚拟培训场地或设施，而且可以在重复中不断增强自己的训练效果。虚拟环境能使受训者脱离现实环境培训中的风险。其缺点是：虚拟环境设计和制作难度较高，费用高昂，租用虚拟培训设施的费用也较高。并不是所有的工作情景都能设计和制作成虚拟环境，因此，这种方法的适用范围有一定的局限性。

从总体来看，虚拟培训法的最大特点在于它的仿真性、超时空性、自主性和安全性。这种方法特别适用于军事人员、飞行器驾驶员、空中交通管制人员、汽车驾驶员、医务工作人员和体育运动员等方面受训者的培训，他们能从这种培训中获得感性知识和实际经验。

第三节　职业生涯及其发展理论

一、职业生涯管理的概述

（一）职业生涯管理的相关概念

理解职业生涯管理，首先需要对"职业""职业生涯""职业生涯管理"等概念有明确的认识。

1. 职业

职业是参与社会分工，利用专门的知识和技能，为社会创造物质财富和精神财富，获取合理报酬作为物质生活来源，并满足精神需求的工作。例如，教师、工程师、工人、农民等都是职业。

职业是人类社会分工的结果，随着人类社会分工越来越复杂，职业的类别和内部构成、外部关系也越来越丰富。从一般意义上讲，职业具有以下三个特征：第一，社会性。职业是为社会所需要的，职业是劳动者进行的社会生产劳动，劳动者参与社会分工。第二，经济性。劳动者要从他从事的职业中获取经济收入，并以此作为他的物质生活来源。第三，连续性。一般来说，劳动者连续地从事某种社会工作，或者从事该项工作相对稳定，才能称为职业。

由此可见，职业对劳动者来说，重要性是不言而喻的，这就要求劳动者个人要与职业相适应，就是说个人能力、特性要与职业的要求相协调。

2. 职业生涯

简单地说，一个人从职业学习开始到职业劳动最后结束，这一生的职业工作经历过程，就是职业生涯。

职业生涯的概念有广义和狭义两种解释。狭义的职业生涯限定于直接从事职业工作的这段生命时光，上限始于任职之前的职业学习和培训。广义的职业生涯是从职业能力的获得、职业兴趣的培养、选择职业、就职直至最后完全退出职业劳动的过程。尽管考查职业生涯的角度不同，但是，职业生涯有其基本含义：第一，职业生涯是个体的行为经历，而非群体或组织的行为经历。第二，职业生涯是一个人一生之中的工作任职经历或历程。第三，职业生涯是个时间概念，指职业生涯期。第四，职业生涯是个动态概念，不仅表示职业工作时间的长短，而且内含着职业发展、变更的经历过程，包括从事何种职业、职业发展的阶段、由一种职业向另一种职业转换等内容。

综上所述，职业生涯就是指一个人一生从事职业的全部历程。这整个历程可以是间断的，也可以是连续的，它包含一个人所有的工作、职业、职位的外在变更和工作态度以及体验的内在变更。

3. 职业生涯管理

职业生涯管理，是指组织和员工个人对职业生涯进行设计、规划、执行、评估和反馈的综合性过程。员工和组织共同努力与合作，使每个员工的职业生涯目标与组织发展目标一致，使员工的发展与组织的发展相吻合。因此，职业生涯管理包括两方面：一是员工职业生涯自我管理，员工是自己的主人，自我管理是职业生涯成功的关键；二是组织协调员工规划其职业生涯发展，并为员工提供必要的教育、培训、轮岗等发展机会，促进员工职业生涯目标的实现。

（二）职业生涯管理的作用体现

1. 对企业的作用

第一，保证企业未来人才的需要。企业可以根据发展的需要预测未来的人力资源需求，通过对员工的职业生涯设计，为员工提供发展空间、人力资源开发的鼓励政策以及与职业发展机会相关的信息，从而使员工发展与企业发展结合起来，有效保证企业未来发展对人才的需要，避免出现职业空缺而找不到合适人才的现象。

第二，使企业留住优秀人才。企业优秀人才的流失可能有多方面原因，如待遇不理想、专长得不到发挥、没有发展机遇等，但归结为一条，就是企业欠缺对员工职业发展的应有考虑，缺少对员工职业生涯的管理。对优秀人才来说，其最关心的是自己的事业发展，如果自己的才能得到应有的发挥，个人发展得到应有的重视，他就不会轻易换企业。西方企业的大量实践经验证明，凡重视了解并开发员工兴趣、不断给员工提供具有挑战性的工作任务，并为他们的成长和发展以及参与管理创造机会和条件的企业，即重视对职工职业生涯设计和管理的企业，都能使员工的满意度有所增加，能留住和吸引优秀人才。

第三，使企业人力资源得到有效开发。职业生涯管理能使员工的个人兴趣和特长受到企业的重视，调动员工的积极性，合理发掘员工的潜能，从而有效地开发企业的人力资源，使企业更适合社会的发展和变革的需要。

2. 对员工个人的作用

第一，帮助个人确定职业发展目标。职业生涯设计和管理的核心内容之一就是对个人进行分析。通过分析认识自己，了解自己，估计自己的能力，评价自己的智慧；确认自己的性格，稳定自己的情绪；找出自己的特点，发现自己的兴趣；明确自己的优势，发现自己的差距；获取公司内部有关工作机会的信息。通过这些分析，员工可以确定符合自己兴趣和特长的职业生涯路线，正确设定自己的职业发展目标并制订行动计划，运用科学的方法化解人生发展中的危机和陷阱，使自己的才能得到充分发挥，实现自己的人生理想。

第二，有助于个人抓住重点。没有职业生涯计划和管理，我们很容易陷于日常生活的琐事而浪费生命的宝贵时光。职业生涯规划和管理能够使我们紧紧抓住工作重点，增加成功的可能性。

第三，评估目前的工作成绩。职业生涯规划和管理是进行自我工作评估的重要手段。如果你的职业生涯规划是具体的，你就可以根据规划的进展情况，评估你目前所取得的成绩。失败者面临的共同问题就是他们极少评估自己所取得的进展，他们中的大多数人或者不明白自我评估的重要性，或者无法度量取得的进步。

二、职业生涯的相关理论

（一）霍兰德的人业互择理论

美国约翰霍普斯大学心理学教授、著名的职业咨询师约翰·霍兰德于1959年提出了具有广泛社会影响的人业互择理论。他在该理论中提出了职业性向的概念。他认为，职业性向（包括价值观、动机和需要等）是决定一个人选择何种职业的一个重要因素。霍兰德经测试研究发现，大致可以划分出六种基本的人格性向，相应地他也将职业划分为六种基本类型。

一是实际型。实际型性向的人具有真诚、持久、稳定、顺从、害羞、实际和坦率等特点，愿意使用工具从事操作性工作，动手能力较强。他们适应的职业类型通常是各类工程技术工作，这类工作通常需要一定的体力，需要使用一些工具和操作机器并运用一定的技巧来完成，比如机械师、钻井操作工或装配线工人等。

二是研究型。研究型性向的人具有良好的分析、创造、推理能力，具有独立性和好奇心，愿意选择包含以认知活动为主要内容的职业，比如生物学家、人类学家、经济学家、数学家、新闻记者和各类研究人员等。

三是艺术型。艺术型性向的人富有想象力、无序、杂乱、理想化、情绪化和不切实际，喜欢通过创造性表达的模糊且无规则可循的活动和创作来表现自己的才能，实现自身价值。这种类型的人往往愿意从事各种艺术创作工作，比如雕刻、音乐、舞蹈和绘画等。

四是社会型。社会型性向的人喜欢交际、友善、合群、善解人意，愿意从事为他人服务的工作，喜欢参与解决人们共同关心的社会问题，渴望发挥自己的社会作用，比如社会工作者、教师、咨询人员和临床心理学家等。

五是企业型。企业型性向的人大多喜欢冒险、精力充沛、乐观、进取、善于交流并具有领导才能，喜欢权力地位和物质财富等，愿意从事说服别人、影响别人的工作，比如企业家、房地产经纪人、法官、律师、政治家和各级政府官员等。

六是常规型。常规型性向的人大多谨慎、顺从、高效、实际、遵守秩序、缺乏想象力、缺乏灵活性，习惯接受他人的领导，不喜欢充当领导角色，不喜欢冒风险和竞争，喜欢按部就班、规范、有序、清楚明确的活动，比如会计、统计员、行政管理助理和档案管理员等。

霍兰德的人业互择理论认为，绝大多数人都可以被归纳到上述六种类型之中。对组织和个人都适宜的职业是可能预测的，这需要对个性与组织环境的要求之间的关系进行分析，把个性特点和环境特点、职业特点、适应的职业对应起来，就很容易了解个体的职业倾向，然后设计最佳的配置方式，这样不难确定对于双方都理想的职业生涯设计。霍兰德的这一理论是目前职业指导中比较权威的理论和方法，在实践中得到了广泛的推崇和应用。

（二）职业生涯阶段理论

1. 萨柏的职业生涯阶段理论

萨柏是美国职业管理学家，他的职业生涯发展阶段理论是一种纵向职业指导理论，重在对个人的职业倾向和职业选择过程本身进行研究。萨柏以美国白人作为研究对象，把人的职业生涯划分为五个主要阶段：

（1）成长阶段（0～14岁）

0～14岁为成长阶段，这个阶段经历对职业从好奇、幻想到兴趣再到有意识培养职业能力的逐步成长过程。

成长阶段的主要任务：成长阶段属于认知阶段。在这个阶段，孩童开始发展自我概念，学会以各种不同的方式来表达自己的需要，且经过对现实世界不断的尝试，修饰他自己的角色。萨柏将这一阶段具体分为三个成长期：

幻想期（10岁之前）：儿童从外界感知到许多职业，对于自己觉得好玩和喜爱的职业充满幻想并进行模仿。

兴趣期（11～12岁）：以兴趣为中心，理解和评价职业，开始做职业选择。

能力期（13 ~ 14 岁）：开始考虑自身条件与喜爱的职业是否相符合，有意识地进行能力培养，开始对各种可选择的职业进行某些现实性思考。

（2）探索阶段（15 ~ 24 岁）

15 ~ 24 岁为探索阶段，这个阶段主要表现为择业及初就业。

探索阶段的主要任务：主要通过学校学习进行自我考查、角色鉴定和职业探索，完成择业及初步就业。人们也尝试去寻找自己的职业选择与他们对职业的了解，以及通过学校教育、休闲活动和业余工作中所获得的个人兴趣和能力匹配起来，并从伙伴、朋友和家庭成员处收集关于职务、职业生涯及职业信息。探索阶段可分为三个时期：

试验期（15 ~ 17 岁）：综合认识并考虑自己的兴趣、能力与职业社会价值、就业机会，开始进行择业尝试。

过渡期（18 ~ 21 岁）：正式进入职业，或者进行专门的职业培训，明确某种职业倾向。

尝试期（22 ~ 24 岁）：选定工作领域，开始从事某种职业，对职业发展目标的可行性进行试验。

（3）建立阶段（25 ~ 44 岁）

25 ~ 44 岁为建立稳定职业阶段。

建立阶段的主要任务：获取一个合适的工作领域，并谋求发展。这一阶段是大多数人职业生涯周期中的核心部分。建立阶段可分为两个时期：

尝试期（25 ~ 30 岁）：个人在所选的职业中安顿下来。重点是寻求职业及生活上的稳定。

稳定期（31 ~ 44 岁）：致力于实现职业目标，是个富有创造性的时期。这一阶段可能会发现自己偏离职业目标或发现了新目标，此时须重新评价自己的需求，处于转折期。

（4）维持阶段（45 ~ 64 岁）

45 ~ 64 岁为职业维持阶段。

维持阶段的主要任务：在 45 ~ 64 岁这一段时间内开发新的技能，维护已获得的成就和社会地位，维持家庭和工作二者间的和谐关系，寻找接替人选。

（5）衰退阶段（65 岁以上）

人到 65 岁即进入衰退阶段。

衰退阶段的主要任务：逐步退出职业和结束职业，开发社会角色，减少权力和责任，适应退休后的生活。

员工在职业生涯的不同时期会遇到不同的问题，合格的管理人员应该制定政策和计划，帮助员工处理这些问题，这样才能够有效解决问题，帮助员工渡过难关。

2. 格林豪斯的职业生涯发展理论

美国心理学博士格林豪斯的研究侧重于不同年龄段职业生涯所面临的主要任务，并以此为依据将职业生涯划分为五个阶段，进而形成他的职业生涯发展理论。

职业准备期：典型年龄段为 0 ~ 18 岁。主要任务：发展职业想象力，对职业进行评估和选择，接受必需的职业教育。

进入组织期：18 ~ 25 岁为进入组织阶段。主要任务是在一个理想的组织中获得一份工作，在获取足量信息的基础上，尽量选择一种合适和较为满意的职业。

职业生涯初期：处于此期的典型年龄段为 25 ~ 40 岁。学习职业技术，提高工作能力，了解和学习组织纪律和规范，逐步适应职业工作，适应和融入组织，为未来的职业成功做好准备是该期的主要任务。

职业生涯中期：40 ~ 55 岁是职业生涯中期阶段。主要任务：需要重新评估早期职业生涯，强化或改变自己的职业理想，选定职业，努力工作，有所成就。

职业生涯后期：从 55 岁直至退休为职业生涯的后期。继续保持已有职业成就，维护尊严，准备引退，是这一阶段的主要任务。

3. 金斯伯格的职业生涯发展理论

美国著名职业指导专家、职业生涯发展理论的先驱和典型代表人物金斯伯格研究的重点是从童年到青少年阶段的职业心理发展过程。他将职业生涯的发展分为三个阶段：

（1）幻想期。幻想期是处于 11 岁之前的儿童时期。儿童对大千世界，特别是对于他们所看到或接触到的各类职业工作者，充满了新奇、好玩的感觉。此时期职业需求的特点是：单纯凭自己的兴趣爱好，不考虑自身的条件、能力水平和社会需要与机遇，完全处于幻想之中。

（2）尝试期。尝试期的年龄为 11 ~ 17 岁，这是由少年儿童向青年过渡的时期。从此时起，人的心理和生理在迅速成长发育和变化，有独立的意识，价值观念开始形成，知识和能力显著增长和增强，初步懂得社会生产和生活的经验。在职业需求上呈现出的特点是：有职业兴趣，但不仅限于此，要更多地、客观地审视自身各方面的条件和能力；开始注意职业角色的社会地位、社会意义，以及社会对该职业的需要。

（3）现实期。现实期为 17 岁以后的青年年龄段，即将步入社会劳动，能够客观地把自己的职业愿景或要求同自己的主观条件、能力，以及社会现实的职业需要紧密联系和协调起来，寻找适合自己的职业角色，此时所希求的职业不再模糊不清，已有具体的、现实的职业目标，表现出的最大特点是客观性、现实性，讲求实际。

（三）职业锚理论

1. 职业锚的来源

职业锚理论产生于斯隆管理学院、美国著名的职业指导专家埃德加·施恩教授领导的专门研究小组，是在对该学院毕业生的职业生涯研究中形成的。斯隆管理学院的 44 名 MBA 毕业生自愿形成一个小组接受施恩教授长达 12 年的职业生涯研究，包括面谈、跟踪调查、公司调查、人才测评、问卷等多种方式，最终分析总结出了职业锚（又称职业定位）理论。施恩认为，职业生涯发展实际上是一个持续不断的探索过程。在这个过程中，每个人都在根据自己的天资、能力、动机、需要、态度和价值观等慢慢形成较为明晰的与职业有关的自我概念。随着对自己越来越了解，这个人就会越来越明显地形成一个占主要地位的职业锚。

2. 职业锚的界定

职业锚又称职业系留点，是指当一个人不得不做出选择的时候，他无论如何都不会放弃的职业中的那种至关重要的东西或价值观。实际就是人们选择和发展自己的职业时所围绕的中心。

职业锚实际上是内心中个人能力、动机、需要、价值观和态度等相互作用和逐步整合的结果。在实际工作中，通过不断审视自我，逐步明确个人的需要与价值观，明确自己擅长所在及今后发展的重点，最终在潜意识里找到自己长期稳定的职业定位，即职业锚。

3. 职业锚的八种类型

施恩在 1978 年提出了五种类型的职业锚，分别是技术/职能型职业锚、管理型职业锚、自主/独立型职业锚、安全/稳定型职业锚、创业型职业锚。随后大量学者对职业锚进行了广泛研究，越来越多人加入了研究行列。20 世纪 90 年代，又发现了三种类型的职业锚：服务型职业锚、挑战型职业锚、生活型职业锚。职业锚增加到八种类型。

（1）技术/职能型职业锚。技术/职能型的人，追求在技术/职能领域的成长和技能的不断提高，以及应用这种技术/职能的机会。他们对自己的认可来自他们的专业水平，他们喜欢面对来自专业领域的挑战。他们一般不喜欢从事一般的管理工作，因为这将意味着他们需要放弃在技术/职能领域的成就。

（2）管理型职业锚。管理型的人追求并致力于工作晋升，倾心于全面管理，独自负责一个部分，可以跨部门整合其他人的努力成果，他们想去承担整个部门的责任，并将公司的成功与否看成自己的工作价值能否实现的关键，具体的技术／功能工作仅仅被看作通向更高、更全面管理层的必经之路。

（3）自主／独立型职业锚。自主／独立型的人希望随心所欲安排自己的工作方式、工作习惯和生活方式，追求能施展个人能力的工作环境，想最大限度地摆脱组织的限制和制约。他们宁愿放弃提升或工作扩展机会，也不愿意放弃自由与独立。

（4）安全／稳定型职业锚。安全／稳定型的人追求工作中的安全与稳定感。他们可以预测将来的成功从而感到放松。他们关心财务安全，例如退休金和退休计划。稳定感包括诚信、忠诚以及完成老板交代的工作。尽管有时他们可以达到一个高的职位，但他们并不关心具体的职位和具体的工作内容。

（5）创业型职业锚。创业型的人希望运用自己的能力去创建属于自己的公司或创建完全属于自己的产品（或服务），而且愿意去冒风险，并能克服面临的障碍。他们想向世界证明公司是他们靠自己的努力创建的。他们可能正在别人的公司工作，但同时他们在学习并评估将来的机会。一旦感觉时机到了，他们便会自己走出去创建自己的事业。

（6）服务型职业锚。服务型的人指那些一直追求他们认可的核心价值的人，例如，帮助他人，改善人们的安全环境，通过新的产品消除疾病。他们一直追寻这种机会，即使这意味着变换公司，他们也不会接受不允许他们实现这种价值的工作变换或工作提升。

（7）挑战型职业锚。挑战型的人喜欢解决看上去无法解决的问题，战胜强硬的对手，克服无法克服的困难障碍等。对他们而言，参加工作或职业的原因是工作允许他们去战胜各种不可能。新奇、变化和困难是他们的终极目标。如果事情非常容易，它马上变得令人非常厌烦。

（8）生活型职业锚。生活型的人喜欢允许他们平衡并结合个人的需要、家庭的需要和职业的需要的工作环境。他们希望将生活的各个主要方面整合为一个整体。正因为如此，他们需要一个能够提供足够的弹性让他们实现这一目标的职业环境，甚至可以牺牲他们职业的一些方面，如提升带来的职业转换，他们将成功定义得比职业成功更广泛。他们认为自己在如何生活，在哪里居住，如何处理家庭琐事，以及在组织中的发展道路等方面是与众不同的。

4. 职业锚的意义体现

第一，使组织获得正确的反馈。职业锚是员工经过搜索所确定的长期职业贡献区或职业定位。这一搜索定位过程，依循着员工的需要、动机和价值观进行。所以，职业锚清楚地反映出员工的职业追求与抱负。

第二，为员工设置可行有效的职业渠道。职业锚准确地反映员工职业需要及其所追求的职业工作环境，反映员工的价值观和抱负。通过职业锚，组织获得员工正确信息的反馈，这样，组织才可能有针对性地对员工的职业发展设置可行的、有效的、顺畅的职业渠道。

第三，积累员工工作经验。职业锚是员工职业工作的定位，不但能使员工在长期从事某项职业中积累工作经验，同时，员工职业技能也能不断增强，直接产生提高工作效率或劳动生产率的明显效益。

第四，为员工做好奠定中后期工作的基础。之所以说职业锚是中后期职业工作的基础，是因为职业锚是员工在通过工作经验的积累后产生的，它反映了该员工的价值观和被发现的才干。当员工抛锚于某一种职业工作过程，就是自我认知过程，就是把职业工作与自我价值观结合起来的过程，员工开始决定成年期的主要生活和职业选择。

第四节　个人与组织职业生涯管理

一、个人职业生涯管理

（一）影响个人职业生涯的因素

任何人的职业生涯都不可能是一帆风顺的，它要受到个人和环境两方面多种因素的影响。了解这些因素，无论对个人还是企业组织都具有非常重要的意义。

1. 个人因素

职业生涯是一个人一生的最佳年华之一，能否成功地开创和发展自己的职业生涯，首先与个人对自己的认知和剖析程度有很大关系。通过自我剖析，明确自己的职业性向、能力水平、职业偏好，这样才能做出切合实际的职业选择。

（1）职业性向。霍兰德教授提出的职业性向模型，将人的性格与职业类型划分为现实型、调研型、艺术型、社会型、企业型、常规型六种基本类型。对自我职业性向进行判断，选择与其相对应或相关性较大的职业，将会感觉到舒适和愉悦，获取职业成功的可能性也会增加。

（2）能力。对企业组织的员工来讲，能力是指劳动的能力，也就是运用各种资源从事生产、研究、经营活动的能力。它是员工职业发展的基础，与员工个体发展水平成正比，具体包括一个人的体能、心理素质、智能在内的全面综合能力。体能即生理素质，主要就是人的健康程度和强壮程度，表现为对劳动负荷的承受能力和劳动后消除疲劳的能力。心理素质指人的心理成熟程度，表现为对压力、挫折、困难等的承受力。智能包含三方面内容：第一，智力，即员工认识事物、运用知识解决问题的能力，包括观察力、理解力、思维判断力、记忆力、想象力、创造力等。第二，知识，即员工通过学习、实践等活动所获得的理论与经验。第三，技能，即员工在智力、知识的支配和指导下操作、运用、推动各种物质与信息资源的能力。

个人能力对个体职业发展有着重要影响。第一，能力越强者，对自我价值实现、声望和尊重的要求越高，发展的欲望越强烈，对个体发展的促进也越大；同时，能力强者接受新事物、新知识快，能力与发展呈良性循环，不断上升。第二，在其他条件一定的情况下，能力越强，贡献越大，收入相对越高。高收入一方面为个人发展提供了物质保证，另一方面能替代更多自我发展的时间。所以，能力既对员工个人发展提出了强烈需求，又为个体职业发展的实现提供了可能条件，是个人职业发展的重要基础和影响因素。

（3）职业锚。正如前文所述，职业锚是人们选择和发展自己的职业时所围绕的中心。职业锚作为一个人自省的才干、动机和价值观的模式，在个人的职业生涯中以及组织的事业发展过程中都发挥着重要作用。职业锚能准确地反映个人职业需要及其所追求的职业工作环境，反映个人的价值观与抱负。了解自己的职业锚类型，有助于增强个人的职业技能，提高工作效率，进而取得职业成功。

（4）职业发展阶段。每个人的职业生涯都要经历许多阶段，只有了解不同阶段的特征、知识水平要求和各种职业偏好，才能更好地促进个人的职业生涯发展。萨柏教授的职业生涯阶段划分为个人判断自己所处的职业生涯阶段及分析所处阶段的特点和要求提供了很好的参照。

2. 环境因素

（1）社会环境因素

一是经济发展水平。一个地区的经济发展水平不同、企业规模和数量不同，个人职业选择的机会也不一样。一般来说，经济发展水平高的地区，企业尤其是优秀企业比较多，个人择业和发展的机会相对较多，就会有利于个人的职业发展。

二是社会文化环境。这具体包括教育水平、教育条件、社会文化设施等。一般地讲，在良好的社会文化氛围中，个人能受到良好的教育和熏陶，从而有利于个人职业的发展。

三是政治制度和氛围。政治和经济是相互影响的，它不仅影响一国的经济体制，而且影响着企业的组织体制，从而直接影响个人的职业发展。政治制度和氛围还会潜移默化地影响个人的追求，从而对职业生涯产生影响。

四是价值观念。一个人生活在社会中，必然会受到社会价值观念的影响。大多数人的价值取向是被社会主体价值取向所左右的。一个人的思想发展、成熟的过程，其实就是认可、接受社会主体价值观念的过程。社会价值观念正是通过影响个人价值观而影响了个人的职业选择和发展。

（2）企业环境因素

一是企业文化。企业文化决定了一个企业如何看待它的员工，即它对待员工的态度。所以，员工的职业生涯是受其企业文化所左右的。一个主张员工参与的企业显然比一个独裁的企业能为员工提供更多的发展机会；而渴望发展、追求挑战的员工也很难在论资排辈的企业中受到重用。

二是管理制度。员工的职业发展，归根结底要靠管理制度来保障，包括合理的培训制度、晋升制度、考核制度、奖惩制度等。企业的价值观、企业经营哲学也只有渗透到制度中，才能得到切实的贯彻执行。没有制度或制度定得不合理、不到位，员工的职业发展就难以实现。

三是领导者素质和价值观。一个企业的员工职业发展是否能够顺利实施，在很大程度上取决于领导者的重视程度，而其是否重视又取决于领导者的素质和价值观。所有这些都会影响员工的职业发展。

（二）个人职业计划

对于员工职业发展的管理，企业组织应当承担重要责任。但对职业成功负有主要责任的还是员工自己。在这个过程中就个人而言，最重要的是制订适当的个人职业计划。

1. 个人职业计划的制订原则

（1）要实事求是。这要求员工应准确地认识自己并能客观地自我评价。这是制订个人职业计划的前提。

（2）要切实可行。首先，个人的职业目标一定要同自己的知识、能力、个人特质及工作适应性相符合。其次，个人职业目标和职业道路的确定要考虑客观环境和条件。

（3）个人职业计划要与组织目标协调一致。离开组织目标，就不可能有个人的职业发展，甚至难以在组织中立足。员工个人要借助于企业来实现自己的职业目标，其职业计划必须在为组织奋斗的过程中实现。员工应积极主动地与组织沟通，获得组织的帮助和指导，以此来制订适合自己的职业计划。

（4）在动态变化中制订和修正个人职业计划。随着时间的推移，员工本人的知识、技能、经验、态度等情况及外部环境条件都会发生变化，这就要求员工要及时调整自己的个人职业计划，修正和调整计划中一些不断变化的内容，如职业发展的具体活动、短期职业目标等。

2. 职业计划设计应考虑的因素

职业计划设计是指员工对自己一生职业发展的总体计划和总轮廓的勾画。它为个人一生的职业发展指明了路径和方向。在设计职业计划中一般应考虑以下因素：

（1）个人自我评价

个人自我评价是对自己的各方面进行分析评价。员工只有充分认识自己之后，才能建立可实现的目标。自我评价要对包括人生观、价值观、受教育水平、职业锚、兴趣、特长、性格、技能、智商、情商、思维方式和方法等进行分析评价，达到全面认识自己、了解自己的目的，这样，才能选定适合自己的职业发展路线，增加事业成功的机会。

橱窗分析法是自我评价的重要方法之一。心理学家把个人的了解比作橱窗。为了便于理解，可以把橱窗放在一个直角坐标系中加以分析。坐标的横轴正向表示别人知道，负向表示别人不知道；纵轴正向表示自己知道，负向表示自己不知道。

（2）职业发展机会评估

职业发展机会评估，主要是评估各种环境因素对自己职业发展的影响。如前所述，环境因素包括经济发展、社会文化和政治制度等社会环境因素和企业环境等因素。在设计个人职业计划时，应分析环境发展的变化情况、环境条件的特点、个人与环境的关系（包括自己在此环境中的地位、环境对自己提出的要求以及环境对自己有利的条件与不利的条件）等。只有充分了解和认识这些环境，才能做到在复杂多变的环境中趋利避害，设计出切实可行的、有实际意义的职业计划。

（3）选择职业

职业选择的正确与否，直接关系到人生事业的成败，这是职业发展计划中很关键的一步。在选择职业时，要慎重考虑自己的职业性向、能力、职业锚、人生阶段等重要因素与职业的匹配。

（4）设定职业生涯目标

设定职业生涯目标是指预先设定职业的发展目标，这是设计职业计划的核心步骤。职业生涯目标的设定，是在继职业选择后对人生目标做出的又一次抉择。它是依据个人的最佳才能、最优性格、最大兴趣和最有利环境等信息所做出的。职业生涯目标通常分为短期目标、中期目标、长期目标和人生目标。短期目标一般为 1～2 年，中期目标为 3～5 年，长期目标为 5～10 年。

在确定目标的过程中要注意如下几方面的问题：①目标要符合社会与组织的需要，有需要才有市场，才有位置；②目标要适合自身特点，并使其建立在自身优势之上；③目标要高远但不能好高骛远，一个人追求的目标越高，其才能就会发展得越快；④目标幅度不宜过宽，最好选择窄一点的领域并全身心投入其中，这样容易取得成功；⑤要注意长期目标与短期目标的结合，长期目标指明了发展方向，短期目标是实现长期目标的保证，长短结合更有利于目标的实现；⑥目标要明确具体，同一时期的目标不要太多，目标越简明、越具体就越容易实现，越能促进个人发展；⑦要注意职业目标与家庭目标以及个人生活与健康目标的协调与结合，家庭与健康是事业成功的基础和保障。

（5）职业生涯路线的选择

在确定职业和发展目标后，就面临着职业生涯路线的选择。例如，是向行政管理路线发展，是走专业技术路线，还是先走技术路线再转向行政路线等。发展路线不同，对职业发展的要求也不一样。因此，在设计职业生涯时必须做出抉择，以便为自己的学习、工作以及各种行动措施指明方向，使职业沿着预定的路径即预先设计的职业计划发展。

在进行生涯路线选择时可以从三个方面考虑：①个人希望向哪一条路线发展？主要考虑自己的价值观、理想、成就动机，确定自己的目标取向。②个人适合向哪一条路线发展？主要考虑自己的性格、特长、经历、学历等主观条件，确定自己的能力取向。③个人能够向哪一条路线发展？主要考虑自身所处的社会环境、政治与经济环境、组织环境等，确定自己的机会取向。职业生涯路线选择的重点是对生涯选择要素进行系统分析，在对上述三方面要素综合分析的基础上确定自己的生涯路线。

（6）制订行动计划与措施

无论多么美好的理想与想法，最终都必须落实到行动上才有意义，否则只能是空谈。在确定职业计划目标与职业生涯路线后，行动便成为关键的环节。这就是贯彻落实目标的具体措施，包括工作、训练、教育、轮岗等方面的措施。

（7）评估与调整

如前所述，影响职业计划设计的因素很多，其中环境变化是最为重要的因素。在现实社会生活中，要使职业计划设计行之有效，就必须不断对职业计划进行评估与调整。比如职业的重新选择、职业生涯路线的选择、人生目标的修正以及实施措施与计划的变更等都是调整的主要内容。

（三）职业保持与平衡

1. 职业保持

对大多数人来说，工作是他们生活中的一个主要方面。实际上，它为满足人们全方位的需要提供了前提条件。因此，它对个人而言，重要性是不言而喻的。可见，正确保持一个人的职业是十分重要的，这就要求个人在职业生涯中努力做到自我管理。

第一，不断学习，尤其是坚持自学。员工除参加企业组织的培训外，还应结合自己的职业性向、现有能力等有计划地利用学校、社会培训机构等各种条件来丰富知识、提高能力，以适应企业组织发展的需要。机遇只垂青于有准备的人，个人能力提高了，才能更顺利地实现职业计划。

第二，发现并争取机会。员工有权了解企业内部的职业机会以及如何才能获得这些机会。每个员工都应珍惜并且利用好自己的这一权利，通过个人努力的工作、出色的业绩来保持现有的工作，并且能争取到进一步发展的机会。

第三，要重视与上级和同事的沟通。上级和同事往往是在工作方面最了解自己的人，员工个人的职业发展离不开他们的支持和帮助。所以，应该虚心听取他们的意见和建议，发现自己的不足，不断完善自己。

2. 职业与家庭的平衡

职业生涯与家庭生活之间有着非常密切的关系。个人与家庭遵循着并行发展的逻辑关系，职业生涯的每一阶段都与家庭因素息息相关，或协调或冲突。职业生涯与家庭责任之间的平衡，对员工特别是女性员工非常重要。

人的全面发展包括自我事务（生理和心理发展、生活知识和技能、社会交际、休闲娱乐等）、职业生涯、家庭生活的发展和协调。既然职业生涯开发与管理的目的包括人的全面发展和社会的进步，职业生涯成功至少应对家庭生活的成功起积极作用。同时，家庭生活对职业发展也有着重要影响。组织中的员工除了过职业生活之外，同时还在经历家庭生活。婚姻与父母身份施加给个人的压力甚至远远超出一项工作或职业的压力。工作与家庭间的潜在冲突对职业生活的影响甚至超过个人发展目标对职业的影响。因此，弄清工作与家庭间的关系，构建职业与家庭平衡计划，对组织发展和个人发展都具有重要意义。

二、组织职业生涯管理

（一）组织职业计划设计

职业计划已经远远超过了传统意义上的人力资源计划，开发一个职业计划就是把本企业组织中存在的人力资源职责和结构有机地整合在一起，从而在人力资源各方面的相互强化中产生协同作用。

1. 确定个人和组织的需要

一项职业计划应当能够满足管理者、员工个人和组织的需求。一方面，为了建立目标和完善职业计划，个人需要认识其自身的知识、技能、能力、兴趣和价值观，并寻找有关职业选择的信息；另一方面，管理者应在个人业绩和有关组织、工作和感兴趣的职业机会等方面的信息上，以反馈的形式为员工个人提供帮助，而组织要负责提供有关任务、政策和计划的信息，并支持员工进行自我评估、培训和发展。当个人的动机与企业组织所提供的机会相融合时，就会极大地促进其职业的发展。

（1）组织的需要。同其他人力资源规划一样，组织的需要是一项职业计划的开始和基础。它所关注的是在未来一段时间内企业组织的主要战略问题。它包括：①在未来一段时间内企业组织将面临的最关键的需求和挑战是什么。②为了满足这些挑战所需要的关键技能、知识和经历是什么。③企业组织将需要什么水平的人员配置。④企业组织是否有必要为满足这些关键性的挑战而提供工作舞台。

（2）个人职业的需要。从个人职业需求看，要确定个人在企业组织内是如何发现机会的，具体包括：是发挥个人的力量，是提出个人的发展需要，是提供挑战，是满足我的兴趣，是符合我的价值观，还是与个人的风格相匹配？

对需要的评价可以采用多种方法，如测试、非正式组织的讨论、面试等，并且应该通过不同团体的人员来进行。从这些方面所确定的要求和问题，为企业组织的职业计划奠定了基础。职业计划的管理就是将组织的需要与个人的职业要求有机地联系在一起。

2. 创造有利的基本条件

实施职业计划需要具备一些基本条件，从而为职业计划开发创造有利的环境。

（1）管理层的支持。职业计划要得以成功，就必须得到企业组织高层管理者的全力支持。高层管理者是企业组织的决策者，他们的思想往往代表着企业组织的文化和政策。试想，一个没有人本观念的领导者，很难重视员工的职业生涯，更谈不上制订有利于员工发展的职业计划。所以，企业组织应当从上到下共同设计和实施能够反映组织文化的目标的职业发展计划系统，为员工指明有关自身职业发展的方向。

（2）确定组织目标。对组织尤其是对员工个人，在开始职业规划之前，他们不仅需要清楚地认识组织的文化，而且更重要、更直接的是要求明确地了解组织的近期目标，这样他们才能在知道其自身目标与组织目标相匹配的情况下，为个人的变化和成长做出规划。

（3）人力资源管理政策的变化情况。企业组织的人力资源管理政策对职业计划有很大影响。要确保其职业计划有效，企业组织可能需要改变或调整目前的人力资源管理政策。例如，调换职位就可能要求员工改变工作团体、工作场地或组织单位，也可能会要求员工做必要的迁移，到外地工作。对组织来讲，调换职位可以使员工到那些最需要其服务的地方及他们可以学到新知识和技能的地方去；而对员工而言，则不仅要适应新的环境，还要更新技能、知识和能力。

（4）公布计划。职业计划应该在企业组织内进行广泛宣传，以使每一个管理者和员工都能清楚地了解和认识组织的目标和工作机会。例如，可将其公布在企业宣传刊物上，可以编制在员工手册里等。

3. 列示工作机会

（1）工作能力的要求。从企业组织角度上讲，需要了解一项工作对于个人所要求掌握的知识和技能水平。这就要进行工作分析。有研究显示，一项工作需要有三个基本能力：技术诀窍、解决问题的能力和责任心。其中技术诀窍又可分为三种类型的工作知识：技术型、管理型和人际关系。要对每一个工作中的三个主要能力进行评分，而且对每一个工作都要计算其总价值。

（2）工作提升。工作提升是一个新员工可能会经历的等级，包括起始工作一直到需要更多知识和技能的工作。企业组织可以根据工作的重要性对其所需的技能进行确认，在此基础上进行工作提升的规划。一般企业组织都采用管理型、专家型和技术型的工作提升，也就是说从人力资源管理的角度为员工提供一个清晰、明确的职业晋升路线，以此作为个人发展的基础和阶梯。

（3）安排双重职业成长道路。职业计划的制订应该为员工提供多条职业成长途径。比如，一个员工最终可能变成一个管理者，这不仅使员工得到了企业组织的认可，同时也是一条补偿技术专业人员的职业途径。尤其是对于一些特殊领域，如财会、市场营销和工程，可以用向其提供相当于不同层次管理者所获取的薪金作为给予员工的一种晋升。

（4）培训的需要。在一个人的职业成长道路中，在工作之外接受培训是必需的。只有通过适当的培训，才能适应全新工作方式的要求和保持高效的工作业绩。当然，不同的员工因职位的不同所需的培训也不一样。

4. 测定员工潜能

要保证员工能够在职业成长道路中获得成功，就要在职业计划中提供测量员工潜能的工具和技术。这是职业计划一个最重要的目标。这个目标可以以不同的方式得以实现，但都要有员工自身能力的积极参与。常见的方法有以下几种：

（1）职业计划工作手册。职业计划工作手册是通过涉及价值观、兴趣、能力、目标和个人发展计划的自我评价系统来分别引导其员工。许多大公司以及一些出版书刊都可以用来帮助员工个人探究各种各样的职业决策问题，以规划他们各自的职业。

（2）职业咨询。职业咨询是指作为企业组织与员工讨论其当前的工作情况和表现、他们的个人岗位和职业目标、个人技能以及适合的职业发展目标的过程。职业咨询在企业里一般是自愿进行的。一些企业组织将咨询作为年度绩效评估的一部分。职业咨询由人力资源部的职员、监督者、专门的人事咨询员或外部的咨询专家来组织进行。企业的职业咨询一般可以随时找到。

（二）职业生涯阶段管理

从组织方面进行职业生涯管理，主要是对员工的职业发展进行正确引导，协调企业目标与员工目标，帮助员工制订职业计划，为员工提供职业发展的机会，帮助员工实现职业发展计划等。

在职业发展计划的不同阶段，企业进行职业管理的重点也不尽相同。

1. 招聘时期

员工的职业生涯管理是一个长期的动态过程，所以从招聘新员工时就应该开始。招聘的过程实际上是应聘者和组织相互了解的过程。企业组织在招聘时，应向应聘者提供较为现实的企业与未来工作的展望，向其传达企业组织的基本理念和文化观念，以使他们尽可能真实地了解企业组织。同时，企业组织还要尽可能全面了解候选人，了解他们的能力倾向、个性特征、身体素质、受教育水平和工作经历等，以为空缺职位配备合适的人选，并为新员工未来的职业发展奠定一个好的开端。

2. 职业生涯早期

职业生涯早期阶段是指一个人由学校进入组织，在组织内逐步"组织化"，并为组织所接纳的过程。这一阶段一般发生在20～30岁之间，是一个人由学校走向社会、由学生变为雇员、由单身生活变成家庭生活的过程，一系列角色和身份的变化，必须经历一个适应过程。在这一阶段，个人的组织化以及个人与组织的相互接纳是个人和组织共同面临的、重要的职业生涯管理任务。所以对企业组织来讲，其职业管理的主要任务是：

（1）协调企业目标与个人目标

第一，树立人力资源开发思想。人力资源管理应坚持以人为本，强调企业不仅要用人，更要培养人。职业管理正是培养人的重要途径，牢固树立人力资源开发思想是真正实施职业管理的前提。

第二，了解员工的需要。员工的需要包括员工的职业兴趣、职业技能等。企业只有准确把握员工的主导需求，才能把他们放到最合适的职业位置上，有针对性地满足其需求。

第三，使员工与企业结为利益共同体。企业在制定目标时，要包含员工个人目标，并通过有效的沟通使员工了解企业目标，让他们看到实现企业目标能给自己带来的利益。

（2）帮助员工制订职业计划

第一，对员工进行岗前培训，引导新员工。这主要是向新员工介绍组织的基本情况，即历史和现状，宗旨、任务和目标，有关的制度、政策和规定，工作职责、劳动纪律和组织文化等，目的是引导员工熟悉环境，减少焦虑感，增加归属感和认同感。

第二，设计职业计划表。职业计划表是一张工作类别结构表，即通过将企业中的各项工作进行分门别类的排列，形成一个较系统反映企业人力资源配给状况的图表。借助该图表，企业组织的普通员工、中低层管理人员以及专业技术人员都可以瞄准自己的目标，在经验人士、主管经理的指导下，正确选择自己的职业道路。

第三，为员工提供职业指导。企业为员工提供职业指导有三种途径：一是通过管理人员进行。管理人员对员工提供职业指导是其应尽的职责和义务。管理人员与其下属共事，对下属的能力和专长有较深的了解，所以有可能在下属适合从事的工作方面给其提供有价值的建议，同时也可以帮助下属分析未来晋升及调动的可能性。二是通过外请专家进行。企业可以外请专家为员工进行职业发展咨询。三是向员工提供有关的自测工具。有很多职业测试工具都可以帮助员工进行能力及个人特质方面的测试，具体可以通过发测试手册或将这些测试工具放在内部网上，供员工自行测试使用。

第四，分配给员工一项工作进行测试。这样做对其工作表现和潜能进行考查和实际测试，并及时给予初期绩效反馈，使员工了解自己做得如何，以消除不确定因素带来的紧张和不安，帮助其学会并能适应该工作。

第五，协助员工制订自己的职业计划。企业可以经常举办一些咨询会议，在会上员工和他们的主管人员将根据每一位员工的职业目标来评价他们的职业进步情况，同时确认他们应在哪些方面开展职业开发活动。企业应开展职业计划方面的培训，使员工意识到对自己的职业加以规划且改善职业决策的必要性，通过培训学到职业计划的基本知识和方法。

3. 职业生涯中期

个人职业生涯在经过了职业生涯早期阶段，完成了雇员与组织的相互接纳后，必然步入职业生涯中期阶段。职业生涯中期的开始，有两种表现形式：一是获得晋升，进入更高一层的领导或技术职位；二是薪资福利增加，在选定的职业岗位上成为稳定的贡献者。职业生涯中期阶段是一个时间周期长（年龄跨度一般是从 25 ~ 50 岁）、富于变化，既有可能获得职业生涯成功，又有可能出现职业生涯危机的一个很宽阔的职业生涯阶段。在这一时期的职业管理中，组织要保证员工合理的职位轮换和晋升，为员工设置合理畅通的职业发展道路。

（1）帮助员工自我实现

第一，对员工工作进行多样化、多层次的培训。培训与员工职业发展的关系最为直接，职业发展的基本条件是员工素质的提高，而且这种素质不一定要与目前的工作相关，这就有赖于持续不断的培训。企业应建立完善的培训体系，使员工在每次职业变化时都能得到相应的培训，同时也应鼓励和支持员工自行参加企业内外提供的各种培训，不仅在时间上还应在资金上给予支持和帮助。

第二，提供阶段性的工作轮换。工作轮换对员工的职业发展具有重要意义：一方面可以使员工在一次次的新尝试中了解自己的职业性向和职业锚，更准确地评价自己的长处和短处；另一方面可以使员工经受多方面的锻炼，拓宽视野，培养多方面的技能，满足各个方面和各个层次的需求，从而为将来承担更重要的工作任务打下基础。

第三，以职业发展为导向的考核。考核目的不仅是评价员工的绩效、态度和能力或为分配、晋升提供依据，而且还应是保证组织目标的实现、激励员工进取以及促进人力资源的开发。考核不仅是总结过去，还应面对未来。以职业发展为导向的考核就是要着眼于帮助员工发现问题和不足，使之明确努力方向和改进方法、促进员工的成长和进步。为此，组织和管理者应该把考核和员工职业发展联系起来，定期与员工沟通，及时指出员工的问题和解决办法，为员工的职业发展指明方向。

第四，改善工作环境，预防职业生涯中期危机。工作环境和条件对雇员的发展有重要影响，组织的硬环境和条件，如机器设备、厂房、各种设施、照明等，会对雇员的身心健康产生直接影响；组织软环境和条件，如组织文化、目标、价值观、具体规章制度、劳动关系、组织风气等，会对雇员的进取心、归属感和工作积极性产生重要影响。组织进行职业生涯管理的一个重要职责和措施，就是要不断改造上述工作环境和条件，促进雇员的职业生涯发展。

（2）进行晋升和调动管理

晋升与调动是员工职业发展的直接表现和主要途径。企业有必要建立合理的晋升和调动管理制度，保证员工能够得到公平竞争的机会。组织中的职业发展通道不应是单一的，而应是多重的，以便不同类型的员工都能寻找到适合自己的职业发展途径。

（3）实施职业生涯阶梯设计

职业生涯发展阶梯是组织为员工设计的自我认知、成长和晋升的管理方案。组织为员工建立科学合理的职业生涯发展阶梯，对调动其积极性与创造性，增加其对组织的忠诚感，从而促进组织的持续发展，具有重要意义。目前的职业生涯阶梯模式主要有三种：单阶梯模式、双阶梯模式和多阶梯模式。传统的组织或企业的职业阶梯只有一种，即行政管理职位的路径。在这种情况下，做出突出业绩的技术人员只能通过管理职位的提升而获得职业方面的发展，发展路径狭窄，效果并不理想。目前组织中实行最多的是双阶梯的职业生涯阶梯模式。在该模式下，组织为员工提供管理生涯阶梯与技术生涯阶梯两条职业路径，员工可以自由选择在其中任何一个阶梯上得到发展，从而大大弥补了单阶梯模式的缺陷。也有一些组织根据自身情况设计了多阶梯模式，以满足员工的发展。

4. 职业生涯后期

从年龄上看，职业生涯后期阶段的雇员一般处在 50 岁至退休年龄之间。由于职业性质及个体特征的不同，个人职业生涯后期阶段的开始与结束的时间也有明显差别。到这一时期，员工的退休问题必然提到议事日程。大量事实表明，退休会对员工产生很大的冲击，也会对企业组织的工作尤其是在职员工产生影响。组织有责任帮助员工认识、接受这一客观事实，并帮助每一个即将退休的员工制订具体的退休计划，尽可能地把退休生活安排得丰富多彩，并且让其有机会继续发挥潜能和余热。

（1）退休计划的含义

退休计划是组织向处于职业生涯晚期的雇员提供的，用于帮助他们准备结束职业工作，适应退休生活的计划和活动。良好的退休计划可以使员工尽快适应退休生活，维持正常的退休秩序，最终达到稳定组织在职人员的心理、保持组织员工年龄结构的正常新陈代谢、提供更多的工作和晋升机会的目的。

（2）退休计划的管理

即将退休的员工会面临财务、住房、家庭等各方面的实际问题，同时又要应付结束工作开始休闲生活的角色转换和心理转换。因此，退休者需要同时面对社会和心理方面的调节，通过适当的退休计划和管理措施满足退休人员情绪和发展方面的需要，是组织应当承担的一项重要工作。其具体做法和措施有以下几方面：

第一，开展退休咨询，着手退休行动。退休咨询就是向即将和已经退休的人提供财务、住房、家庭和法律、再就业等方面的咨询和帮助。同时，组织开展的递减工作量、试退休等适应退休生活的退休行动，对雇员适应退休生活也具有重要帮助。

第二，做好退休员工的职业工作衔接。员工退休而组织的工作要正常运转，因此，企业组织要有计划地分期分批安排应当退休的人员，切不可因为员工退休影响工作正常进行。在退休计划中应选好退休人员工作的接替人，及早进行接替人的培养工作，保证工作顺利进行。

第三，采取多种措施，做好员工退休后的生活安排。因人而异地为每一个即将退休的员工制订具体的退休计划，尽可能把退休后的生活安排得丰富多彩又有意义；可以通过组织座谈会的形式，增进退休员工与企业的互动；如果退休员工个人身体和家庭情况允许，组织尚可采取兼职、顾问或其他方式聘用他们，使其发挥余热。

（三）员工帮助计划

员工帮助计划（Employee Assistance Program，EAP），也称员工爱抚计划，最早起源于 20 世纪初的美国。当时的马希公司和北美电力公司注意到员工的酗酒、吸毒和其他一些药物滥用问题影响员工和企业的绩效，因而建立了旨在帮助解决员工个人问题的员工援助项目。20 世纪 70 年代以后，随着美国经济的不景气和各种社会矛盾的激化，来自社会、工作和家庭等的各种个人问题越来越影响企业员工的情绪和工作绩效，为帮助员工摆脱这些问题的困扰，一些企业开始聘请专家帮助员工解决这些个人问题，这就是员工帮助计划的开始。

员工帮助计划是由企业为其员工设置的一项系统的、长期的援助和福利计划。其基本做法是通过企业内部或外部的专业人员对组织的诊断、建议和对企业员工及其家属的专业指导、培训和咨询，帮助解决企业员工及其家属的各种心理和行为问题，使员工从纷繁复杂的个人问题中解脱出来，维护其心理健康，调整情绪，消除障碍，提高员工在企业中的工作绩效。目前，EAP 已经被广泛应用在西方国家各种类型的组织中，援助的内容也渐渐发展成内容广泛的员工援助计划，涉及压力管理、职业心理健康、裁员心理危机、灾难性事件、职业生涯发展、健康生活方式、法律纠纷、理财问题、饮食习惯、减肥等有关员工生活和工作的各个方面。

1. 员工心理问题疏导

作为员工帮助计划的重要组成部分，员工心理问题疏导是指通过专业人员对组织的诊断、建议和对员工及其直属亲人提供的专业指导、培训和咨询，旨在帮助解决员工及其家庭成员的各种心理和行为问题。日本企业在应用 EAP 时创造了一种被称为"爱抚管理"的模式。一些企业设置了放松室、发泄室、茶室等来缓解员工的紧张情绪；或者制订员工健康修改计划和增进健康的方案，帮助员工克服身心疾病，提高健康程度；或者设置一系列课程进行例行健康检查，进行心理卫生的自律训练、性格分析和心理检查等。

2. 家庭支持计划

家庭支持计划是企业为了减少工作与家庭冲突而采取的旨在帮助员工克服困难、顺利完成生活和家庭职责的措施，如针对孩子和老人的托管福利计划等。花旗银行的"儿童看护计划"和"毕生事业计划"就是其中的典型代表。花旗集团开发了多种专门与备用的儿童看护计划，旨在惠利于美国的花旗员工。大约 65 000 名员工享受到了"备用儿童看护"以及学校假期计划的服务。从地点上，专门看护中心分布在马里兰、内华达等 6 个地方，中心专门设置了儿童医疗、智力、社会与情绪康乐等课程，每天为超过 1500 名儿童提供服务。花旗集团的"毕生事业计划"则以帮助每一名花旗员工及其亲人更好地管理每一天的生活为目的。该计划在美国、加拿大等国家向员工及其伙伴、亲人开放，计划通过一个免费的电话号码或经由连续不断的网络提供服务。它提供了解信息、调查与资源的通路。

3. "家庭日"活动

"家庭日"活动通过安排参观或联谊等活动促进家庭对员工工作的认识和理解。目前，各大公司纷纷定期或不定期地组织类似的活动，以加强企业与员工家庭成员之间的沟通，体现企业关爱员工、关爱家庭的宗旨。柯达的工厂每年举行"家庭日"活动，邀请所有员工的家属到工厂参观、访问，让员工的家属知道自己的亲人在柯达工厂里工作很安全，同时还会展示员工、团队的工作业绩与成就，由此激发员工家属的自豪感，更会赢得家属对亲人的理解，对亲人在柯达的工作有一个全面、及时的认识。在每年的"家庭日"活动中，员工与家属载歌载舞，同欢同乐。

第五章 员工绩效与薪酬福利管理

第一节 员工绩效管理

一、绩效管理概述

所谓绩效，就是员工在工作过程中所表现出来的与组织目标相关的，并且能够被评价的工作业绩、工作能力和工作态度。

绩效管理是指制定员工的绩效目标并收集与绩效有关的信息，定期对员工的绩效目标完成情况做出评价和反馈，以改善员工工作绩效并最终提高企业整体绩效的制度化过程。绩效管理的目的在于提高员工的能力和素质，提高公司绩效水平。

（一）绩效管理的意义体现

无论企业处于何种发展阶段，绩效管理对于提升企业的竞争力都具有巨大的推动作用，企业进行绩效管理是非常必要的。绩效管理不仅能促进组织和个人绩效的提升，而且能促进管理流程和业务流程的优化，最终保证组织战略目标的实现。

第一，绩效管理能促进组织和个人绩效的提升。绩效管理通过设定科学合理的组织目标、部门目标和个人目标，为企业员工指明了努力的方向。管理者可以通过绩效辅导沟通及时发现下属工作中存在的问题，给下属提供必要的工作指导和资源支持；下属可以通过工作态度以及工作方法的改进，保证绩效目标的实现。绩效管理能使内部人才得到成长，同时能吸引外部优秀人才，使人力资源能满足组织发展的需要，促进组织绩效和个人绩效的提升。

第二，绩效管理能促进管理流程和业务流程优化。企业管理涉及对人和对事的管理，对人的管理主要涉及激励和约束问题，对事的管理主要涉及流程问题。在绩效管理过程中，各级管理者都应从公司整体利益出发，尽量提高业务处理的效率，不断进行优化调整，使组织运行效率逐渐提高，在提升组织运行效率的同时，逐步优化公司管理流程和业务流程。

第三，绩效管理能保证组织战略目标的实现。企业一般有比较清晰的发展思路和战略，管理者将公司的年度经营目标向各个部门、各个岗位分解，制定每个部门和岗位的关键业绩指标。对绩效管理而言，企业年度经营目标的制定与分解是比较重要的环节，这个环节的工作质量对于绩效管理取得预期效果起到非常关键的作用。绩效管理能促进和协调各个部门以及员工按照企业预定目标努力，形成合力，最终促进企业经营目标的完成，保证企业近期发展目标以及远期目标的实现。

（二）绩效管理与绩效考核辨析

绩效考核是对员工的工作绩效进行评价，以形成客观公正的人事决策的过程。绩效考核以制订考核计划开始，接着确定考评的标准和方法，对员工前一阶段的工作态度、工作业绩等进行分析评价，最后将考核结果运用到相关人事决策（晋升、解雇、加薪、奖金）中去。

1. 绩效管理与绩效考核的联系

绩效考核是绩效管理中不可或缺的组成部分，绩效考核可以为组织的绩效管理的改善提供资料，帮助组织不断提高绩效管理的水平和有效性，使绩效管理真正帮助管理者改善管理水平，帮助员工提高绩效能力，帮助组织获得理想的绩效水平。绩效管理以绩效考核的结果作为衡量的参照，通过与考核标准的比较，寻找两者之间的差距，提出改进方案，并推动方案的实施。

2. 绩效管理与绩效考核的区别分析

从涵盖的内容来看，绩效管理的内容更丰富。绩效考核更多的是强调员工考核的结果，侧重于判断和评估；而绩效管理不仅包括上述内容，还着重强调了绩效信息的分析、员工绩效的改进与提升，侧重于信息沟通与绩效提高。

从实施的过程来看，绩效管理更加完善。绩效考核包括考核标准的制定与衡量、绩效信息的反馈，注重员工的绩效结果；绩效管理是一个完善的管理过程，作为一种管理模式贯穿企业运作的始终，具有延续性、灵活性，更注重员工的行为与结果的考核。

从实施的角度上看，绩效管理更注重从组织的战略整体出发。绩效考核以员工或部门为基础，强调对员工或部门的工作绩效的"衡量"；但绩效管理更加强调从整体、战略的高度出发，注重员工与管理者之间的沟通。

其实对于很多企业来说，虽然讲的是"绩效管理"，但实际操作的往往是"绩效考核"。这两个概念的混淆已经成为企业进行绩效管理的一大误区。要想使绩效管理成功，企业必须溯本清源，纠正错误的认识，把组织的绩效管理系统与组织的战略目标联系起来，把绩效管理视为整个管理过程中的一个有效工具。

二、绩效管理系统

绩效管理系统（Performance Management System，PMS）是一套有机整合的流程系统，专注于建立、收集、处理和监控绩效数据。它既能增强企业的决策能力，又能通过一系列综合平衡的测量指标来帮助企业实现战略目标和经营计划。

（一）绩效管理系统的设计流程

绩效管理系统的设计包括绩效管理制度的设计与绩效管理程序的设计两个部分。绩效管理制度是企业实施绩效管理活动的准则和行为的规范。绩效管理程序的设计又分为管理的总流程设计和具体考评程序设计两部分。

绩效管理的总流程设计包括以下五个阶段：

1. 准备阶段

（1）明确绩效管理的对象以及各管理层级的关系。一般情况下，绩效管理会涉及以下五类人员：一是考评者：涉及各层级管理人员（主管）、人力资源部门专职人员。二是被考评者：涉及全体员工。三是被考评者的同事：涉及全体员工。四是被考评者的下级：涉及全体员工。五是企业外部人员：涉及客户、供应商等与企业有关联的外部人员。在绩效管理的活动过程中，根据不同的考评目的，有时需要由多方面的人共同对被考评者进行全面的考评，有时可能是部分人员分别对绩效进行考评。

（2）根据绩效考评的对象，正确选择考评方法。在绩效考评的对象确定的情况下，首先应当解决采用什么方法进行绩效考评的问题。据不完全统计，自20世纪30年代以来，国外管理学派已经提出了近20种适用于企业不同类别岗位人员的考评方法，这些方法具有不同的特点和适用范围。

（3）根据考评的具体方法，提出企业各类人员的绩效考评要素（指标）和标准体系。绩效考核要素应包括被考核者的工作成果、劳动过程中的行为表现以及员工的潜质（员工的心理品质和能力素质）。

（4）对绩效管理的运行程序、实施步骤提出具体要求。具体要求包括考评时间和考评期限的设计、工作程序的确定。

2. 实施阶段

实施阶段是在完成企业绩效管理系统设计的基础上，组织全体员工贯彻绩效管理制度的过程。在这个过程中，无论是上级还是下级，无论是绩效的考评者还是被考评者，都必须严格执行绩效管理制度的有关规定，认真完成各项工作任务。企业绩效管理在实施阶段应当注意以下两点：一是通过提高员工的工作绩效来增强核心竞争力；二是收集信息并注意资料的积累。

3. 考评阶段

考评阶段是绩效管理的重心，不仅关系整个绩效管理系统运行的质量和效果，也涉及员工的当前利益和长远利益，需要人力资源部门和所有参与考评的主管高度重视，并注意从以下几方面做好考评的组织实施工作：

一是考评的准确性；二是考评的公正性；三是考评结果的反馈方式；四是考评使用表格的再检验；五是考评方法的再审核。

4. 总结阶段

总结阶段是绩效管理的一个重要阶段。总结阶段不仅是上下级之间进行绩效面谈，沟通绩效信息，相互激励的过程，也是企业对整体绩效管理体系，乃至总体管理状况和水平进行必要的检测、评估和诊断的过程。

在总结阶段要完成的工作包括：

第一，各个考评者完成考评工作，形成考评结果的分析报告（包括上下级绩效面谈记录在内的各种相关资料的说明）。第二，针对绩效诊断所揭示的各种涉及组织现存的问题，写出具体详尽的分析报告。第三，制订下一期企业全员培训与开发计划，以及薪酬、奖励、员工升迁与补充调整计划。第四，汇总各方面的意见，在反复论证的基础上，对企业绩效管理体系、管理制度、绩效考评指标和标准、考评表格等相关内容，提出调整和修改的具体计划。

5. 应用开发阶段

应用开发阶段是绩效管理的终点，也是下一轮绩效管理工作循环的起点。此阶段应从以下几方面入手，进一步推动企业绩效管理活动的顺利开展。

第一，考评者绩效管理能力的开发。

第二，被考评者的绩效开发。

第三，绩效管理系统的开发。

第四，企业组织的绩效开发。

（二）绩效管理系统的运行

绩效管理系统在运行过程中可能会遇到很多困难和问题，主要原因有两个：一是系统故障，即考评的方式方法、工作程序等设计和选择不合理；二是考评者以及被考评者对系统的认知和理解存在偏差。为了保证绩效管理系统的有效运行，各级主管应当掌握绩效面谈的方法和技巧，并且能够及时做出绩效诊断，协助员工改进绩效。

1. 绩效面谈质量的提高措施

（1）做好绩效面谈的准备工作。为了提高和保证绩效面谈的质量和效果，考评者应当注意做好以下两项准备工作：一是拟订面谈计划，明确面谈的主题，预先告知被考评者面谈的时间、地点以及应准备的各种绩效记录和资料。二是收集各种与绩效相关的信息资料。

（2）采取有效的信息反馈方式。在绩效面谈中，企业仅仅要求员工回顾和总结自己的工作绩效是不够的，还必须使考评双方对组织的状况和下属员工的绩效有深入、全面、具体、清晰的认识。因此，为保证绩效面谈的质量，企业除了应做好绩效面谈前的各种准备工作之外，更重要的是采取有效的信息反馈方式，使得信息反馈具有针对性、真实性、及时性、主动性和适应性。

2. 绩效诊断与绩效改进

（1）绩效诊断

绩效诊断就是分析引起各种绩效问题的原因，通过沟通寻求支持与了解的过程。绩效诊断的作用在于帮助员工制订绩效改善计划，作为上一循环的结束和下一循环的开始，连接整个绩效管理循环，使绩效不断循环上升。影响绩效的原因非常多，除了能力素质外，还有企业内外部环境的影响。企业要使绩效改进有的放矢，建立绩效诊断系统非常重要。绩效诊断的主要内容包括：

第一，对企业绩效管理制度的诊断。需要明确现行的绩效管理制度在执行的过程中，哪些条款得到了落实，哪些条款遇到了障碍难以贯彻，绩效管理制度存在哪些明显不科学、不合理、不现实的地方。

第二，对企业绩效管理体系的诊断。需要明确绩效管理体系在运行中存在哪些问题，各子系统相互协调配合的情况如何，目前亟待解决的问题是什么，等等。

第三，对绩效考评指标和标准体系的诊断。需要明确绩效考评指标与评价标准体系是否全面完整、科学合理、切实可行，有哪些指标和标准需要修改和调整等。

第四，对考评者全面的、全过程的诊断。需要明确在执行绩效管理的规章制度以及实施考评的各个环节中，有哪些成功的经验可以推广，有哪些问题亟待解决，考评者自身的职业品质、管理素质、专业技能存在哪些不足等。

第五，对被考评者全面的、全过程的诊断。需要明确在企业绩效管理的各项活动中，员工持何种态度，通过参与绩效管理活动，员工态度有何转变，实际工作取得何种成果，职业品质和素养有哪些提高等。

（2）绩效改进

绩效管理的目的不仅是建立员工薪酬、奖惩、晋升等人事决策的依据，更重要的是促进员工能力的不断提高及工作绩效的持续改进。

所谓绩效改进，即确认组织或员工工作绩效的不足和差距，查明原因，制订并实施有针对性的改进计划和策略，不断提高员工竞争力的过程。绩效改进计划通常是在管理者和员工进行充分沟通之后，由员工自己提出，管理者予以确认后制定的。绩效改进的内容通常包括绩效改进项目、改进原因、目前的水平和期望的水平、改进方式及达标期限。

3. 绩效管理中的矛盾冲突及解决方法

管理者与被管理者、考评者与被考评者所处的位置不同，观察问题的角度不同，权责与利害关系不同，因而他们在绩效管理活动中不可避免地经常出现一些矛盾和冲突。因此，各级主管需要掌握并运用人事管理的艺术，通过积极有效的面谈，抓住主要矛盾和关键性问题，尽最大可能及时化解冲突。建议采用以下措施和方法：

第一，在绩效面谈中，公司主管应当做到以行为为导向，以事实为依据，以制度为准绳，以诱导为手段，本着实事求是的态度，与下属进行沟通交流。

第二，在绩效考评中，一定要适当区分过去的、当前的以及今后可能的目标，严格区分近期绩效考评的目标与远期开发目标。

第三，适当下放权限，比如，原来由主管负责登记下属的工作成果，改为由下属自己登记。

4. 绩效管理系统的开发

（1）绩效管理系统的检查与评估

企业之所以要构建并完善绩效管理系统，是为了实现组织发展、员工效能提高等基本目标。科学有效的绩效管理系统应当充分体现人事决策及开发人力资源的双重功能。

为了检查和评估企业绩效管理系统的有效性，通常可以采用以下几种方法：

第一，座谈法。通过专题座谈会，企业可以广泛征询各级主管、考评者与被考评者对绩效管理制度、工作程序、操作步骤、考评指标和标准、考评表格形式、信息反馈、绩效面谈、绩效改进等方面的意见，并根据会议记录撰写分析报告书，针对目前绩效管理系统存在的主要问题，提出具体的调整方案和改进建议。

第二，问卷调查法。有时为了节约时间，减少员工之间的干扰，充分了解各级主管和下属对绩效管理系统的看法和意见，企业可以预先设计一张能够检测系统故障和问题的调查问卷，然后让相关人员填写。企业采用问卷调查的方法，有利于掌握更详细、更真实的信息，对特定的内容进行更深入、全面的剖析。

第三，工作记录法。为了检验管理系统中考评方法的适用性和可行性，企业可以采用查看绩效管理原始记录的方法，做出具体的评价，判断考评的结果是否存在中心化倾向、近因误差、晕轮效应等。如通过查看各个下属单位的奖励记录，企业可以发现绩效考评被利用的程度，通过查看绩效面谈的记录，企业可以发现绩效面谈中存在的问题等。

第四，总体评价法。为了提高绩效管理的水平，企业可以聘请企业内外的专家，组成评价小组，运用多种检测手段，对企业绩效管理系统的总体功能、总体结构、总体方法、总体信息以及总体结果进行分析。

（2）企业绩效管理系统的再开发

为了保障绩效管理系统的正常运行，提高系统的有效性和可靠性，充分发挥绩效管理系统的双重功能，企业应当对总体系统进行诊断和分析，及时发现问题，查找原因，及时进行必要的调整和改进。

三、绩效考核体系的设计

绩效考核也叫"绩效评价"，是指在考核结束时，选择相应的考核主体和考核方法，收集相关的信息对员工完成绩效目标的情况做出考核。

从本质上讲，绩效考核就是对人和事的评价，它本身不是目的，而是一种手段。因此，绩效考核的内容会随着管理的具体需要发生变化。一般来说，绩效考核是对员工在日常工作中所显现出来的工作能力、工作态度、工作成绩等进行的以事实为依据的考评。

（一）绩效考核的主要内容

绩效考核的内容通常分为业绩评价、能力评价、态度评价、潜力评价。这四方面不是孤立存在的，而是相互联系、为实现管理目的而形成的绩效评价系统。

1. 业绩评价

业绩评价是对组织成员职务行为的直接结果进行的考核和评价。它是对组织成员贡献程度的衡量，不仅要说明各级员工的工作完成情况，还要有计划地指导改进工作，以促进组织目标的实现。对组织而言，组织希望员工通过职务行为促进组织完成组织目标，而对员工的业绩评价能够直接反映员工实现组织目标的过程，并对这一过程进行控制；对员工而言，员工希望自己的工作业绩得到管理者的认可，因而需要通过业绩评价的结果来客观地反映自己对组织的贡献。

2. 能力评价

能力评价是考评组织成员在职务中发挥出来的能力。根据被评价者在工作中表现出的能力，参照标准和要求，对被评价者所担当的职务与其能力是否相匹配做出评定。与业绩评价相比，能力评价较难，且难以衡量和比较，但是我们可以通过一系列的指标来进行判断。能力评价主要有四项指标：知识（常识、专业知识、管理知识以及其他相关知识）；技能；工作经验；精力。

工作能力评价通常要参照一定的标准，不一定要综合评价能力的所有方面，而应该根据评价的目的和职位等特征，有针对性地进行评价。对于那些不易改变、可以通过资格审查说明的能力，不需要在日常的绩效评价中进行评价，而只须在较长周期内进行一次评价或资格认证。

3. 态度评价

态度评价是考评组织成员对某项工作的认知程度以及为此付出努力的程度。通常能力越强，工作业绩越好。但在组织中经常可以看到这样一种现象：某人能力很强，但工作态度不佳；而另一个人能力平平，兢兢业业，干得很不错。不同的工作态度将产生截然不同的工作结果，因此在绩效评价中要对员工的工作态度进行评价，以鼓励员工充分发挥现有的工作能力，最大限度地创造出工作业绩。

态度评价与能力评价的内容不同，态度评价不论员工的职位高低，也不管员工的能力大小，而是评价员工是否努力、认真地工作，工作中是否有干劲、有热情，是否遵守各种规章制度等。一般情况下，对工作态度的评价采用过程评价的方式，而能力评价既可以是过程评价，也可以是结果评价。

4. 潜力评价

潜力评价是对组织成员在现任职务中不能发挥出能力进行测评。员工的能力未能充分发挥的情况在企业经营过程中经常存在，比如员工没有获得工作机会，从而失去了发挥能力的舞台；工作设计、分配出了问题，员工承担工作任务不合理，不能发挥全部能力；上级的指令或指导出现失误影响了员工能力的发挥；等等。因此找出阻碍员工发挥潜力的原因，将有利于员工工作潜力的发挥，将潜力转化为现实的工作能力。潜力评价能很好地解决上述问题，为企业的工作轮换、升迁等各种人事决策提供依据。

潜力评价可以运用各种专业的测量手段来进行，各国学者已经开发出多种量表，众多咨询机构也向客户提供此类服务，日常潜力评价的方式方法包括根据组织成员日常表现出来的能力进行测评的推断法、根据考试或文凭的知识判断法、根据被评价者在突发事件中的言行表现进行判断的关键事件法等。

（二）绩效考核的一般流程

绩效考核结果不仅会对人力资源管理职能产生重要影响，也关系着员工的切身利益，受到全体员工的重视。为了确保考核结果的公正性、客观性和科学性，企业应该建立一套科学的绩效管理流程。一般来说，企业在进行考核时要经过如下步骤：

第一，确立目标。这一步骤需要明确组织的战略目标、选择考核对象。确立目标的过程主要在绩效计划中实现：企业可以使用平衡记分卡和关键绩效指标两种考核工具，对组织战略目标层层分解，由组织目标到部门目标再到员工个人目标，利用这些目标分别对组织层面、部门层面和个人层面的绩效进行评价。

第二，建立评价系统。评价体系建立包括三方面的内容：确定评价主体、构建评价指标体系、选择恰当的考核方式。

第三，整理数据。企业把在绩效监控阶段所收集到的数据进行整合分析，按照考核指标和标准进行界定、归类。这一过程要尽量减少主观色彩，遵循客观事实和客观标准，以保证最终考核结果的公正客观。

第四，分析判断。这一过程需要对信息进行重新整合，按照所确定的评价方式对评价对象进行最终判断。

第五，输出结果。考核结束后，企业需要得出具体的考核结果。考核结果既要包括绩效得分和排名，也要包括对绩效结果的初步分析，找出优秀和不足的原因，以供反馈和改进之用。

（三）绩效考核的主体分析

在绩效管理过程中，绩效考核的主体包括员工的直接上级主管、同事、员工本人、下属等组织内部人员和客户、供应商等组织外部人员。不同的考核主体具有不同的特点，在绩效考核中承担了不同的考核责任乃至管理责任。下面我们将针对这些情况一一做出说明。

1. 上级考评

上级主管在绩效管理过程中自始至终都起着关键作用。上级主管对被考评者承担着直接的领导管理与监督责任，对被考评者是否完成了工作任务，是否达到了预定的绩效目标等实际情况比较了解，而且在思想上也没有较多顾忌，能较客观地进行考评。在大多数组织中，上级考核是最常见的评价方式。所以在绩效管理中，一般以上级主管的考评为主，考评分数对被考评者的评价结果影响很大，约占考评总分的 60% ~ 70%。

2. 同级考评

这里的同级不仅包括考核对象所在团队或部门的成员，还包括其他部门的成员。同级人员通常与考核对象处于组织命令链的同一层次，与被考评者共同工作，密切联系，相互协作，相互配合，可能比上级主管更能清楚地了解被考评者，对被考评者的潜质、工作能力、工作态度和工作业绩了如指掌。上级与被考评者的接触时间毕竟有限，被考评者总是会在上级面前展示最优秀的方面，而同级总能看到其最真实的表现，这也是同级考评最有意义的地方。但同级考评常受人际关系状况的影响，所以在绩效管理中，同级考评会占有一定的份额，但不会过大，一般约占考评总分的 10%。

3. 下级考评

下级考核给管理者提供了一个了解员工对其管理风格看法的机会，实际上这种自下而上的绩效反馈更多的是基于管理者提高管理技能的考虑。作为被考评者的下属，对考评者的工作作风、行为方式、实际成果有比较深入的了解，不仅对考评者的一言一行有亲身感受，而且有独特的观察视角，但对被考评者容易心存顾虑，致使考评的结果缺乏客观公正性，所以评定结果约占考评总分的 10%。

4. 自我考评

被考评者对自己的绩效进行自我考评，能充分调动被考评者的积极性，特别是对那些以"实现自我"为目标的人来说更为重要。但在绩效管理中，自我考评容易受到多种因素的影响，因而有一定的局限性，所以评定结果约占考评总分的 10%。

5. 客户和供应商考评

在某些组织中，外部人员也成了绩效考核的主体之一。最常见的做法就是将客户和供应商纳入考核主体之中。这种做法是为了了解那些只有特定外部成员才能够感知的绩效情况，或通过引入特殊的考核主体引导考核对象的行为。

四、绩效考核的方法与应用

（一）行为导向型考核方法

行为导向型考核方法重点在于甄别与评价员工在工作中的行为表现，即工作是如何完成的。该方法适用于职位工作输出成果难以量化或者强调以某种规范行为来完成工作任务的情景，诸如组织中的事务管理人员和行政人员等。

行为导向型考核方法有比较法、强制分布法、关键事件法、行为锚定等级评价法、关键绩效指标法、行为观察量表法、混合标准尺度法。

1. 比较法

比较法是一种相对考核的方法，通过员工之间的相互比较从而得出考核结果。这类方法比较简单且容易操作，可以避免宽大化、严格化和中心化的倾向，适合作为奖惩的依据。但是，这类方法对实现绩效管理的目的、发挥绩效管理作用的帮助不大，不能提供有效的反馈信息。这类方法不是对员工的具体业绩、能力和态度进行考核，而只是靠整体印象得出考核结果；另外，它无法对不同部门的员工做出比较。比较法主要有以下几种：

（1）简单排序法

简单排序法是指将员工按工作绩效从好到坏依次排列，工作绩效既可以是整体工作绩效，也可以是某项特定工作的绩效。该方法的优点是比较简单，便于操作，缺点是排序是概括性的、不精确的，所评出的等级或名次只有相对意义，无法确定等级差。简单排序法仅适用于被考核对象较少、组织规模较小、任务较单一的情况，当企业员工的数量较多、职位工作差别性较大的时候，以这种方法来区分员工绩效就比较困难，尤其是对中等绩效的员工进行考评更加困难。

（2）间接排序法

间接排序法也称"交替排序法"。该方法基于个体所具有的认知感觉差异化选择性的特征——人们比较容易发现群体中最具差异化的个体。绩效考核中人们往往最容易辨别出群体中绩效最好的和最坏的被考核者。应用交替排序法进行绩效考核，第一步是把绩效最好的员工列在名单之首，把绩效表现最差的员工列在名单末位；然后从剩下的被考核者中挑选出绩效最好的列在名单第二位，把绩效最不好的列在名单倒数第二位……这样依次进行，不断挑选出剩余被考核者群体中绩效最好的和最不好的员工，直到排序完成。排序名单上中间的位置是最后被填入的。

在实际考核过程中，人情、面子都是影响绩效考核的因素，所以考核者往往不愿意对被考核者做出比较低的评价，容易造成"集中趋势"的误差，以至于分不出员工之间绩效的差别。

（3）配对比较法

顾名思义，配对比较法就是把每一位员工与其他员工一一配对，分别进行比较。每一次比较时，给表现好的员工记"+"，给另一个员工记"-"。所有员工都比较完后，计算每个人"+"的个数，依此对员工做出考核——谁的"+"的个数多，谁的名次就排在前面。

配对比较法的优点是将每一个员工与其他员工绩效进行比较，结果更加客观，准确度比较高；缺点是操作烦琐，在同时评价很多员工的情况下，需要进行相当多次数的比较。

2. 强制分布法

强制分布法是按照事物"两头小、中间大"的正态分布规律，先确定各等级在总数中所占的比例，然后按照每个被考核者绩效的相对优劣程度，将被考核者强制分配到相应的等级。

应用强制分步法的实际操作过程为：首先，将准备考核的每一位员工的姓名分别写在一张小卡片上；其次，根据每一种评价要素来对员工进行逐个评价；最后，根据评价结果将这些代表员工的卡片放在相应的工作绩效等级上。

强制分布法的主要优点为：适用于人数较多情况下对员工总体绩效状况的考核；考核过程简易方便；能避免考核偏松、偏严或趋中等偏差；利于管理控制，特别是在引入员工淘汰机制的公司中，能明确筛选出淘汰对象；员工担心因多次落入绩效最低区间而遭解雇，因而具有强制激励和鞭策功能。但是强制分布法如果被用在被考核群体样本不够多或者群体绩效状态明显呈非正态分布的情景下，不仅难以发挥优势，还会影响考核结果的客观公正性。所以，考核者在制定分配比例时应该根据具体情况进行调整，将强制分布法与人性化决策结合起来，发挥此方法的优势，避免缺陷，使绩效考核结果更具有实践价值。

3. 关键事件法

关键事件法是由考核者通过观察、记录被考核者的关键事件，而对被考核者的绩效进行考核的一种方法。关键事件是指那些会对企业或部门的整体绩效产生积极或消极重大影响的事件。关键事件一般被分为有效行为事件和无效行为事件。上级主管记录员工平时工作中的关键事件：一种是做得特别好的，一种是做得不好的。在预定的时间，通常是半年或一年之后，利用积累的记录，由主管与被测评者讨论相关事件，为测评提供依据。关键事件法的基本步骤为：当有关键事件发生时，填在特殊设计的考核表上；摘要评分；与员工进行评估面谈。

（1）记录关键事件的"STAR"法

"STAR"法是由四个英文单词的第一个字母所表示的一种方法。"Star"译为中文是星星的意思，所以又叫"星星法"。

"S"是 Situation——情景，表示这件事发生时的情景是怎样的。

"T"是 Target——目标，表示这件事要达到什么样的目的。

"A"是 Action——行动，表示被考核者当时采取了什么样的具体行动。

"R"是 Result——结果，表示被考核者采取行动之后获得了什么样的结果。

（2）关键事件法的优缺点

关键事件法通常可作为其他绩效考核方法的一种很好的补充。

关键事件法的优点：①该方法可以为考核者向被考核者解释绩效考核结果提供确切的事实证据。②绩效考核所取得的关键事件是在较长时间累积而来的，考核者在对被考核者的绩效进行考查时，所依据的是被考核者在整个考核期的表现，以避免近因效应的误区。③该方法利于形成动态的关键事件记录，还可以使管理者获得关于被考核者是通过何种途径消除不良绩效的具体实例。

关键事件法的缺点：①考核的过程较长，需要长期观察、了解员工的工作行为，操作成本较高。②因为考核过程主要针对被考核者的行为进行，从而缺乏比较，对于人力资源决策的参考性较差。③考核的结果依赖考核者个人的评价标准，考核结果的主观随意性较大。

4. 行为锚定等级评价法

行为锚定等级评价法是在传统的评级量表法的基础上演变而来，是评级量表法与关键事件法的结合。这种方法可以对源于关键事件的有效和非有效的工作行为进行更客观的描述。在使用过程中，企业会通过一张登记表反映不同员工的业绩水平，并且对员工的特定工作行为进行描述。熟悉某种特定工作的人能够识别这种工作的主要内容，然后对每项内容的特定行为进行排列和证实。行为锚定法需要大量员工参与，所以它可能会被部门主管和下属更快地接受。

（1）行为锚定等级评价法的实施步骤

第一，确定关键事件。由一组对工作内容非常了解的人（员工本人或直接上级）找出一些代表各个等级绩效的关键事件。

第二，初步建立绩效考核要素。将确定的关键事件合并为几个（通常是 5 ~ 10 个）绩效要素，并给出绩效要素的定义。

第三，重新分配关键事件，确定相应的绩效考核要素。向另外一组同样熟悉工作内容的人展示确定的考核要素和所有的关键事件，要求他们对关键事件进行重新排列，将关键事件分别归入他们认为合适的绩效要素中。如果第二组中一定比例的人（通常是50%～80%）将某一关键事件归入的考核要素与前一组相同，那么就能够确认这一关键事件应归入的考核要素。

第四，确定各关键事件的考核等级。后一组的人评定各关键事件的等级（一般是7点或9点的尺度，可能是连续尺度，也可能是非连续尺度），确定每个考核要素的"锚定物"。

第五，建立最终的行为锚定评价表。

（2）行为锚定等级评价法的特点

行为锚定等级评价法的主要优点：①工作绩效的计量更为精确。因为是由那些对工作及要求最为熟悉的人来编制行为锚定等级体系，因此行为锚定法应当能够比其他考核方法更准确地对工作绩效进行考核。②工作绩效考核标准更为明确。等级尺度上所附带的关键事件有利于考核者更清楚地理解"非常好""一般"等各种绩效等级上的工作绩效到底有什么差别。③具有良好的反馈功能。关键事件可以使考核者更为有效地向被考核者提供反馈。④各种工作绩效评价要素之间有着较强的相互独立性。众多的关键事件被归纳为5～6种绩效要素（如"知识和判断力"），各绩效要素之间的相对独立性很强。⑤具有较好的连贯性。相对，行为锚定法具有较好的连贯性和较高的信度。这是因为在运用不同评价尺度对同一个人进行评价时，其结果基本上是类似的。

行为锚定等级评价法的局限性：①行为锚定等级评价法的方案设计和实施的成本较高，需要专业人员参与设计和实施。②该评价方法对于企业的基础管理水平及管理者素质有较高的要求。③实施过程中，需要对指标体系进行反复的测试和修改，这无疑又增加了该方法的应用成本。

5. 关键绩效指标法

关键绩效指标是基于企业经营管理绩效的系统考核体系。作为绩效考核体系设计的基础，我们可以从以下三方面深入理解关键绩效指标的具体内涵特征：第一，关键绩效指标是用于考核和管理被考核者绩效的可量化的或可行为化的标准体系。第二，关键绩效指标体现了对组织战略目标有增值作用的绩效指标。第三，通过在关键绩效指标上达成的承诺，员工与管理人员就可以进行工作期望、工作表现和未来发展等方面的沟通。

应用关键绩效指标法设计绩效考核指标需要经过四个步骤，每一个步骤都有更详细的内容：第一步，确定工作产出；第二步，建立关键绩效考核指标；第三步，设定考核标准；第四步，审核关键绩效指标。

关键绩效考核指标法提出了客户价值理念，目标明确，有利于组织利益与个人利益达成一致以及公司战略目标的实现。但是关键绩效考核指标法也存在一定的局限性，绩效考核经常遇到的实际问题很难保证客观、精准、可衡量。其实，对所有的绩效指标进行量化并不现实，也没有必要。通过定性、可视的行为指标体系，企业同样可以衡量工作绩效。

6. 行为观察量表法

行为观察量表法是指在考核各个具体的项目时给出一系列有关的有效行为，考核者通过指出员工表现各种行为的频率来评价工作绩效。例如，考核者将员工在每一种行为上的得分相加得到各个考核项目上的得分，然后根据各个项目的权重得出员工的总得分。

行为观察量表法有助于员工对考评工具的理解和使用；有助于产生清晰明确的反馈；行为观察量表法对关键行为和等级标准的反映一目了然；允许员工参与工作职责的确定，从而加强员工的认同感和理解力。

行为观察量表法需要花费更多的时间和成本。因为每一项工作都需要一种单独的工具（不同的工作要求有不同的行为），除非一项工作有许多任职者，否则为一项工作开发一个行为观察量表将不会有成本效率。行为观察量表法过分强调行为表现，这可能忽略了许多工作真正的考评要素，特别是对管理工作来说，应更注重实际的产出结果，而不是所采取的行为。

7. 混合标准尺度法

混合标准尺度法是由美国学者布兰兹于1965年创立的，在他所设计的"混合标准测评量表"中，包含许多组概念上相容的描述句（通常是3个一组），用来描述同一考核项目的高、中、低三个层次。这些描述句在测评量表中是随机排列的，考核者只须指出被考核者的表现是"好于""相当于"或是"劣于"描述句中所叙述的行为即可。混合标准尺度法的优点在于使考核者的注意力不会过度集中在分值上，同时注重被考核者的行为模式。因为对某一项特定工作来说，并非整体分值越高的员工越能胜任，而是在某一特定方面有专长或有特定行为模式的员工最能胜任。此外，混合标准尺度法还克服了关键事件法的缺点，即收集和分析员工行为表现时的随时性和不确定性，设计评估表格时体现了高度的系统性。但是，混合标准尺度法在对考核因素各等级进行描述时存在文字局限性，很难全面反映复杂的实际表现行为。

（二）结果导向型考核方法

结果导向型评价方法就是根据员工的工作成果对员工进行绩效考评的方法，体现员工凝结形态的劳动。这种方法为员工设定了一个最低的工作成绩标准，然后将员工的工作结果与明确的标准做比较。

结果导向型评价方法主要包括目标管理法、直接指标法、绩效标准法和成绩记录法等方法。

1. 目标管理法

目标管理体现了现代管理的哲学思想，是领导者与下属之间双向互动的过程。目标管理法是指由员工与主管协商制定个人目标，个人目标依据企业的战略目标及相应的部门目标而确定，并尽可能一致。该方法用可观察、可测量的工作结果作为衡量员工工作绩效的标准，以制订的目标作为员工考评的依据，从而使员工个人的努力目标与组织目标保持一致，减少管理者将精力放到与组织目标无关的工作上的可能性。

目标管理法的基本步骤如下：

（1）战略目标设定。考评期内的目标设定首先是由组织的最高层领导开始的。最高层领导制定总体的战略规划，明确总体的发展方向，提出企业发展的中长期战略目标、短期的工作计划。

（2）组织规划目标。在总方向和总目标确定的情况下，分解目标，逐级传递，建立被考评者应该达到的目标，通常成为对被考评者进行评价的依据和标准。制定目标时，应注意目标的具体性和客观性，目标的数量不宜过多；目标应做到可量化、可测量，且长期目标与短期目标并存；目标应由管理层和员工共同参与制定；在设立目标的同时还应制定达到目标的详细步骤和时间框架。

（3）实施控制。在目标实施过程中，管理者提供客观反馈，监控员工达到目标的进展程度，比较员工实现目标的程度与计划目标，根据完成程度指导员工，必要时修正目标。在一个考评周期结束后，留出专门的时间对目标进行回顾和分析。

目标管理法的评价标准直接反映员工的工作内容，结果易于观测，所以很少出现评价失误，也适合对员工提供建议，进行反馈和辅导。目标管理的过程是员工共同参与的过程，因此员工工作积极性大为提高，增强了责任心和事业心。但是，目标管理法没有在不同部门、不同员工之间设立统一目标，因此难以对员工和不同部门间的工作绩效做横向比较，不能为以后的晋升决策提供依据。

2. 绩效标准法

绩效标准法与目标管理法基本接近，它采用更直接的工作绩效衡量指标，通常适用于非管理岗位的员工评价。衡量所采用的指标要具体、合理、明确，要有时间、空间、数量、质量的约束限制，要规定实现目标的先后顺序，保证目标与组织目标的一致性。绩效标准法比目标管理法具有更多的考评标准，并且标准更加具体详细，依照标准逐一评估，然后按照各标准的重要性所确定的权数，进行考评分数汇总。

被考评者的多样性以及个人品质的明显差异，有时某一方面的突出业绩和另一方面的较差表现有共生性，因此采用绩效标准法的考核可以克服此类问题。绩效标准法为下属提供了清晰准确的努力方向，对员工具有明确的导向和激励作用，但绩效标准法需要耗费较多的人力、物力和财力，企业由此产生较高的管理成本。

3. 直接指标法

直接指标法在对员工衡量的方式上，以可监测、可核算的指标构成的若干考评要素作为对下属工作表现进行评估的主要依据。如对于非管理人员，可以衡量其生产率、工作数量、工作质量等。工作数量的衡量指标有工时利用率、月度营业额、销售量等；工作质量的衡量指标有顾客满意率、废品率、产品包装缺损率、顾客投诉率、不合格产品返修率等。对管理人员的考评可以通过管理人员所管理下属的工作情况来反映，如对员工缺勤率、流动率的统计。

直接指标法简单易行，能节省人力、物力和管理成本，运用本方法时，企业需要加强基础管理，建立健全各种原始记录，特别是对一线人员的统计资料。

4. 成绩记录法

成绩记录法是新开发出来的一种方法，比较适用于对从事科研教学工作的人员，如大学教师、律师等的评价，因为他们每天的工作内容是不同的，无法用完全固化的衡量指标进行考量。成绩记录法的实施步骤是：先由被考评者把自己与工作职责有关的成绩写在一张成绩记录表上，然后由上级主管来验证成绩的真实准确性，最后由外部专家评估这些资料，决定考评者的个人绩效。

由于本方法需要从外部聘请专家参与评估，人力、物力耗费较高，耗费时间也很长。

（三）其他考核方法

1. 平衡记分卡

平衡记分卡的核心思想是通过财务、客户、内部经营过程、学习与成长四个指标之间的相互驱动，实现绩效评估—绩效改进以及战略实施—战略修正的目标。一方面，企业通过财务指标保持对组织短期绩效的关注；另一方面，通过企业员工学习、信息技术的运用与产品服务的创新来提高客户的满意度，驱动组织未来的财务绩效发展，展示组织的战略。

平衡记分卡通过在企业的财务结果和战略目标间建立联系来支持业务目标的实现。它将企业战略置于被关注的中心，通过建立平衡记分卡，上层管理的远景目标被分解成一些评估指标，员工通过对照这些评估指标来规范自身行为，这样就使得首席执行官的远景目标与员工的具体工作结合起来，实现了个体与集体目标的统一。

平衡记分卡实施的四个步骤：

第一，说明远景，帮助经理就组织的使命和战略达成共识。

第二，沟通与联络，管理人员在公司的上上下下交流他们的战略，并将战略与部门和个人目标连接起来。

第三，规划与设定目标，公司能够整合他们的经营计划和财务计划。

第四，策略的回馈与学习，赋予公司一项被称为战略性学习的能力。现有的反馈和考查程序都注重公司及部门、职员是否达到了预算中的财务目标。

2. 360 度考核法

360 度考核法又称为"全方位考核法"，最早被英特尔公司提出并加以实施运用。该方法是指通过员工自己、上司、同事、下属、顾客等不同主体来了解工作绩效，通过评论知晓各方面的意见，清楚员工的长处和短处，从而达到提高的目的。这种方法的优点是能比较全面地进行评估，易于做出比较公正的评价，同时通过反馈促进工作能力的提高，也有利于团队建设和沟通。它的缺点是工作量比较大，也可能存在非正式组织影响评价的公正性，还需要员工有一定的绩效考核知识参与评估。

在实际运用时须注意：企业应努力创建和谐、合作、互助的工作氛围以保证考核顺利进行；根据企业所处的生命周期及业务类型审视其是否适合采用 360 度考核法，一般来说，公司处于初创期是不宜采用该法的，结果导向型的企业也不宜采用该考核法；合理界定考核者和被考核者，并非所有岗位都需要进行全方位考核，原则上考核者必须熟悉被考核者的工作，不应让与被考核者无任何业务往来的不相关者成为考核者；不同级别、不同工作性质的被考核者的考核要素是不一样的，应根据实际需要确定考核要素，比如高层管理者的考核要素包括目标意识、决策水平、协调能力等，而一般员工的考核要素包括责任心、纪律性等；财务人员的考核要素是工作缜密度和严格遵守财务制度等。

综上所述，360 度考核法针对不同的企业和被考核者，可能是 90 度考核、180 度考核、270 度考核等，千万不能一刀切。

第二节 员工薪酬管理

一、薪酬管理的基本知识

薪酬是员工向其所在单位提供劳动或劳务而获得的各种形式的酬劳或答谢。其实质是一种公平的交易或交换关系，是员工在向单位让渡其劳动或劳务使用权后获得的报偿。薪酬的内涵是不断发展的，在 20 世纪 90 年代以后，西方国家提出了全面薪酬概念。全面薪酬拓展了员工所得的报偿或收益的内容，既包括员工所得的物质收益，又包括员工所得的心理收益和发展机遇等精神收益。但是由于作为对工作的报酬并且对雇员的活动具有强有力的影响因素，如赞扬与地位、学习的机会、雇佣安全、挑战性等，往往是来源于工作任务本身，应当属于隐性酬劳，本书不将这种精神收益作为薪酬的主要内容来探讨。本书所定义的薪酬包括直接以现金形式支付的工资（如基本工资、绩效工资、激励工资）和间接地通过福利（如养老金、医疗保险）以及服务（带薪休假等）支付的薪酬。

（一）薪酬的构成要素

薪酬包括基本薪酬、绩效薪酬、激励薪酬、福利与津贴四个部分。

1. 基本薪酬

基本薪酬，是根据员工所承担或完成的工作本身或者是员工所具备的完成工作的技能向员工支付的稳定性报酬，是员工收入的主要部分，也是计算其他薪酬性收入的基础。

在西方国家，从传统上来讲基本薪酬分为薪金（salary）和工资（wage）两种类型。薪金（也称薪水）是管理人员和专业人员（白领职员）的劳动报酬。按照西方的法律，一般实行年薪制或月薪制，职员的薪金额并不直接取决于工作日内的工作时间的长短，加班没有加班工资。工资是体力劳动者（蓝领员工）的劳动报酬，一般实行小时工资制、日工资制或月工资制。员工所得工资额直接取决于工作时间的长短。法定工作时间以外的加班，必须支付加班工资。但是，随着蓝领与白领的工作界限的日益模糊，加之为了建立一整套的管理理念，培养雇员的团队精神，企业把基本工资都叫薪水，而不再把雇员分成薪水阶层和工资阶层。

2. 绩效薪酬

绩效薪酬，是对员工超额工作部分或工作绩效突出部分所支付的奖励性报酬，旨在鼓励员工提高工作效率和工作质量。它是对员工过去工作行为和已取得成就的认可，通常随员工业绩的变化而调整。比如有突出业绩的员工，可以在上一次加薪的 12 个月以后，获得 6% ~ 7% 的绩效工资；而让雇主感到过得去的雇员，仅可获得 4% ~ 5% 的绩效工资。

3. 激励薪酬

激励薪酬，也称可变薪酬（variable pay），是一种提前将收益分享方案明确告知员工的方法。激励工资也与业绩直接挂钩。用于衡量业绩的标准有成本节约、产品数量、产品质量、税收、投资收益、利润增加等，不计其数。激励工资有短期的，也有长期的。短期的激励工资可以表现得很具体。比如，如果每个季度达到或者超过了 8% 的资本回报率目标，公司的任何员工都可以拿到相当于一天工资的奖金；如果达到 9.6%，则每个员工都可以拿到相当于两天工资的奖金；如果达到 20%，则可以拿到等于 8.5 天工资的奖金。长期的激励工资则是对雇员的长期努力实施奖励，目的是使雇员能够注重组织的长期目标。比如，让高层管理人员和高级专业技术人员分得股份或红利，对有突出贡献者奖励股份，或者让其所有的雇员拥有股票期权。

4. 福利与津贴

这部分薪酬通常不与员工的劳动能力和提供的劳动量相关，而是一种源自员工组织成员身份的福利性报酬。福利因国家的不同而不同，像亚洲的韩国、日本、中国等国都会发放各种津贴和补贴作为福利。津贴也称补贴，是指对工资或薪水等难以全面、准确反映的劳动条件、劳动环境、社会评价等对员工造成某种不利影响或为了保证员工工资水平不受物价影响而支付给员工的一种补偿。这在欧美是较少的。事实上，福利更多地表现为非货币形式，比如休假、服务（医疗咨询、员工餐厅）和保障（医疗保险、人寿保险和养老金）等。当前，福利和服务已日益成为薪酬的重要形式，对于吸引、保有员工有着不可替代的作用。

薪酬构成形式没有固定统一的模式和组合比例，不同国家、地区和企业应根据实际需要和可能的条件制定自己的薪酬标准。

（二）薪酬战略

1. 薪酬制度的战略支持

薪酬的作用，通常强调的往往是人才的吸引、保留、激励以及开发，但是吸引、保留、激励以及开发人才的最终目的是什么？显然是为了帮助组织实现战略目标和远景规划。因此说到底，薪酬体系的设计以及薪酬管理必须围绕组织战略以及远景目标进行。如果不考虑战略性导向的差异，组织的薪酬管理很可能是在自己的独立王国中"过自己的日子"。因而薪酬制度应凸显其战略支持角色，使薪酬从过去的简单支付行为转变为与环境、组织的战略目标相适应，通过吸纳、维系和激励优秀人才并以赢得和保持组织竞争优势为目标。

企业要充分发挥薪酬战略对其竞争优势提升的作用，首先得取决于薪酬战略的有效设计。

（1）评估薪酬的意义与目的。要求了解企业所在的行业情况，以及企业计划怎样在此行业中竞争，公司对待员工的价值观也反映在公司的薪酬战略中。此外，社会、经济和政治环境同样影响薪酬战略的选择。员工的薪酬需要是多种多样的。通常年纪较大的员工对现金的需求较弱，较看重劳保和福利条件；而年纪轻的员工有较强的现金需要，他们要买房子或支持家庭，较看重高工资收入。企业应考虑员工不同的薪酬需求，制定灵活的薪酬战略。

（2）开发薪酬战略，使之同企业经营战略和环境相匹配。通过对企业所处的内外环境和经营战略的分析，开发支持企业经营战略、提升企业竞争优势的薪酬战略。

（3）实施薪酬战略。通过设计薪酬体系来实施薪酬战略，薪酬体系是将薪酬战略转变成薪酬管理实践。

（4）对薪酬战略和经营战略匹配进行再评价。随着企业所处的环境不断变化，经营战略也相应在不断变化，因而薪酬战略就必须随之变化。为确保这一点，定期对薪酬战略和经营战略匹配进行再评价就显得非常必要。

2. 企业薪酬战略的类型

薪酬战略是依据企业经营战略而设定，并服务于企业经营战略，最终达到企业竞争优势提升的目的。企业不同的经营战略需要由不同的薪酬战略支持。

（1）经营战略类型与薪酬战略

低成本战略是企业采用大规模生产方式，通过降低产品的平均生产成本来获得来自经验曲线的利润。推行这一战略必须实现管理费用最低化并严格控制研发、试验、服务和广告等活动。在低成本战略背景下，企业的薪酬制度应突出以下特点：第一，较低的薪酬、雇员规模替代。在总体薪酬支出水平一定的条件下，企业可雇用较少的高效率雇员或雇用较多的效率较低的雇员来完成既定的生产经营任务。第二，建立基于成本的薪酬决定制度。这一制度既可以是在确保产品数量和质量前提下的总成本包干制，也可以是在核定基本成本基础上的成本降低奖励制。第三，有限的奖金，即除了成本降低奖励外，其他以雇员技能、顾客满意度等因素为基础的奖励制度较少。

差异化战略是企业通过采用特定的技术和方法，使本企业的产品或服务在质量、设计、服务及其他方面都与众不同。通过提高独特产品的价格，企业可获得较高的单位利润。差异化战略取得成功的关键因素是企业的新产品开发能力和技术创新能力。培育成熟的项目开发团队、产品设计团队和服务团队是实施差异化战略的重要途径。在此背景下，采用团队薪酬制度，完善工作用品补贴和额外津贴制度就成了企业薪酬制度设计的重点。

专一化战略是指企业生产经营单一产品或服务，或者将产品或服务指向特定的地理区域、特定的顾客群。专一化战略的实施以专业化技术为前提，它要求企业在特定的技术领域保持持久的领先地位。为了突出技术力量的重要性，吸引技术人才，企业通常给技术人员支付超过市场平均水平的效率薪酬，以提高技术人员对企业的忠诚度，减少由人员流失而带来的招聘费用、培训费用的损失。该类企业通常采用基于技术等级的薪酬决定制度，并广泛采用股权激励和期权激励等长期薪酬激励计划。

（2）企业发展阶段与薪酬战略

快速发展阶段薪酬战略是指企业通过实现多样化经营或开辟新的生产经营渠道而使其在产品销售量、市场占有率及资本总量等方面获得快速和全面的成长。除了依靠企业内部资源外，它往往通过兼并、合并和重组等外部扩张方式来实现。为了满足企业经营领域多样化和经营地域多样化的需要，企业的薪酬制度设计应坚持多样化和针对性原则，允许不同性质的企业设计不同的薪酬方案，同时突出绩效薪酬制度和可变薪酬制度的应用。

稳定发展阶段薪酬战略是指企业保持现有的产品和市场，在防御外来环境威胁的同时保持均匀的、小幅度的增长速度。当企业缺乏成长资源或处于稳定的市场环境时，稳定发展战略常被采用。此外，当一个企业经历了一段高速成长或收缩后，稳定战略也是很重要的。在这一背景下，企业的薪酬结构应保持相对稳定，企业的薪酬水平也应保持大体相同的增长比率。

收缩阶段薪酬战略是指企业面临衰退的市场或失去竞争优势时，自动放弃某些产品或市场以维持其生存能力的战略。在这一阶段，企业的薪酬制度应回归到维护企业核心资源和核心竞争力上来，强调薪酬制度的统一性。在收缩期，企业要考虑的一个重要因素是反敌意收购，设计有利于接管防御的薪酬策略，如"金降落伞（Golden parachute）"与"锡降落伞（Tin parachute）"计划就尤为重要。"金降落伞"的主要对象是董事会及高级职员，而"锡降落伞"的范围更广一些，它向下几级的工薪阶层提供稍微逊色的同类保证。无论是"金降落伞"还是"锡降落伞"，它们都规定收购者在完成收购后，若在人事安排上有所变动，须对变动者一次性支付巨额补偿金。这部分补偿金支出通常视获得者的地位、资历和以往业绩而有高低之分。此外，管理层收购（MBO）和雇员持股计划（ESOP）等制度既是公司治理的手段，也是企业薪酬制度的一部分。

二、薪酬调查与薪酬制度

（一）薪酬调查

薪酬调查重在解决薪酬对外竞争力的问题。薪酬调查的主要内容为本行业、本地区，尤其是主要竞争对手的薪酬状况。调查数据的来源可以是公开的统计资料，也可以是抽样采访、专门问卷调查，或者是招聘单位发布的招聘信息资料等。一般说来，薪酬调查应由企业的人力资源部负责，操作程序如下：

1. 调查对象的选择

选择调查对象应遵循以下原则：

（1）同行业中同一类型的其他企业。

（2）其他行业中有相似工作的企业。

（3）聘用同类工人的竞争对手企业。

（4）工作环境、经营政策、薪酬与信誉均符合一般标准的企业。

（5）根据本企业的人力、物力、财务状况确定调查企业的数目。

2. 争取与其他企业合作

要获取对方的薪酬资料，一般由本企业总经理亲自与对方总经理沟通，就调查的目的、资料保密、成果分享等问题进行协商，以求得对方的合作。或者由人力资源主管直接与对方人力资源主管接洽，提出调查规划，以获得对方支持。只有双方对薪酬调查取得共识，达成合作协议后，才可进行薪酬调查。

3. 选择具有代表性的职位

代表性职位是指那些职责可明确区分、稳定、不易变化的职位。

4. 确定调查的主要内容

调查的内容主要有以下方面：

（1）薪酬内容。各企业薪酬内容差别很大。薪酬内容一般应包括基本工资、津贴、奖金、红利和福利等。

（2）调查各企业的基本工资情况。

（3）调查其他各种补贴和福利。

（4）调查各企业工作时间安排。

5. 收集资料

收集资料的方式很多，一般采取将调查表直接邮寄到对方企业，或者派访谈者到对方企业去访问，有时也采取电话访谈、小组座谈等方式来收集资料。

6. 资料的整理和统计

调查完毕后，就要对资料进行统计并写出调查报告，一般包括资料概述和个别职位资料分析等内容。

（1）各企业现有职员。

（2）各企业薪酬内容和薪酬范围（薪酬的上限和下限）。

（3）由平均数或中位数计算的平均基本薪酬。

（4）调查职位的薪酬总表。

（5）各企业薪酬总额统计。

通过调查，可以了解当地的市场平均薪酬水平，将本企业的薪酬水平与之比较，并根据自己的薪酬政策来调整薪酬水平。

（二）薪酬制度的实施和修正

在制定和实施薪酬制度的过程中，及时的沟通、必要的宣传和培训都是保证薪酬改革成功的重要条件。同时，在保证薪酬制度有效性的前提下，还应随着企业的经营状况和市场薪酬水平的变化做出相应调整。为了保证薪酬制度的实用性，企业对薪酬制度应该做出定期或适时的调整。

1. 调整薪酬水平

薪酬水平的调整是指在企业的薪酬结构、等级、构成等要素不变的情况下，调整薪酬水平的标准。

导致薪酬水平调整的原因有两方面：一是企业效益的变化。企业的效益会影响企业的薪酬水平，薪酬水平会随着企业的效益变化而波动。在企业效益提高的前提下，员工的薪酬会逐步增加。二是通货膨胀的影响。一般来说，薪酬总量调整的方式有以下几种：

一是薪酬指数化，将薪酬与物价挂钩。在薪酬表上，只列出等级薪酬的指数，实际薪酬的货币额等于薪酬指数乘以最低生活费，最低生活费则依物价的变动而变动。薪酬指数化的目的是消除市场经济条件下物价波动对员工薪酬水平的影响，根据物价指数的变动调整薪酬，使薪酬的增长高于或至少不低于物价的上涨。

二是生活指数调整。这是为了补偿员工因通货膨胀而导致的实际收入无形减少现象，显示出企业对员工的关心。

三是效益调整。当企业效益良好、盈利较多的时候，可以提高员工的薪酬。从操作上来看，薪酬总量调整的方法有两种：第一种是等比调整法，即所有员工都在原有薪酬基础上调高一定的百分比。这样虽然保持了薪酬结构内在的相对级差，但是容易造成薪酬本来就较高的员工提升的数额更大，使中低层员工产生不公平感。第二种是等额调整法，即全体员工不论原有薪酬的高低，一律给予等额的调整。这种方法会破坏企业原有薪酬结构的内在级差，动摇原有薪酬体系设计的基础。两种方法适应于不同的企业环境：前者在薪酬级差比较小的企业中不会引起较大的不公平感；后者在薪酬级差比较大的企业实施则有助于调整过大的薪酬差距，有利于提高员工的整体士气。

2. 调整薪酬结构

薪酬结构调整体现了企业对员工的激励导向，合适的薪酬结构对于维持薪酬体系的适应性和激励性都有非常重要的作用。

常用薪酬结构调整的方法包括：

（1）增加薪酬等级。增加薪酬等级的主要目的是将职位之间的差别细化，从而更加符合按职位付薪的原则。这种方法比较适用于规范的制造业、加工业和机械化程度较高的大型企业等。薪酬等级增加的方法很多，关键是选择在哪个层次或种类的岗位上增加等级。

（2）减少薪酬等级。减少薪酬等级即前面提到过的等级结构"宽带化"，这是薪酬管理的一种流行趋势。目前在一些西方企业中，倾向于将薪酬等级线延长，将薪酬类别减少，由原有的十几个减少至三五个。在每种类别中包含着更多的薪酬等级和薪酬标准，各级薪酬范围重叠交叉。它有力地削减了管理类职位层次组织的重新设计，缩小了规模大或者是无边界的组织，有利于培育那些新组织的跨职能成长和开发等，因此目前颇受人们的青睐。

（3）调整不同等级人员的规模和薪酬比例。在薪酬等级结构不变的前提下，企业可以调整不同等级中的人员规模和薪酬比例，达到薪酬调整的目的。在企业薪酬总额中，高、中、低三个层次员工所占的薪酬比重是不一致的：高级管理人员人数少，但人均占有薪酬比例高；基层人员多，但人均占有薪酬比例低。因此在调整薪酬结构的过程中，要对不同层次的员工采取不同措施。例如，为了降低薪酬成本，对于高级管理人员，减少录用人数，效果较好。对于中级管理人员，可以采取调整固定工资和绩效工资结构的方法，相对提高绩效工资的比例，并加大绩效考核的力度，使大部分员工只能拿到固定工资，而拿不到绩效工资，这种方式对于降低成本的效果也比较明显。对于基层管理人员，则可以采取延长工作时间或尽量压缩企业规定的休假时间，但不增加工资或减小工资增加幅度的方法，也可以起到降低成本的作用。

3. 调整薪酬构成要素

薪酬构成要素调整有两种方式：一是在薪酬水平不变的情况下，重新配置固定薪酬与浮动薪酬之间的比例；二是通过薪酬水平变动的机会，增加某一部分薪酬的比例。相比之下，后一种方式比较灵活，引起的波动也小。员工薪酬构成要素的调整需要与企业薪酬管理制度和模式改革结合在一起，使薪酬构成要素的调整符合新模式的需要。

目前薪酬构成要素的调整有以下几种方式：

（1）加大员工薪酬构成中奖金和激励薪酬的比例，扩大绩优员工与其他员工之间的报酬差距。

（2）减少员工的固定薪酬部分，增加不固定收入的比例。

（3）将以工作量为基础的薪酬制度改为以技能和绩效为基础的薪酬制度，鼓励员工提高自身的知识、技能和素质，采取技能、绩效与薪酬直接挂钩的方法。

4. 调整薪酬体系

薪酬体系的调整包括基本薪酬、辅助薪酬项目的增减和各部分薪酬比例的变化等。根据基本薪酬与辅助薪酬在员工薪酬构成中的比例不同，可以将薪酬体系分为两种模式：高弹性模式和高稳定模式。高弹性模式是辅助薪酬所占比重较大的模式。它是以绩效高低来决定员工薪酬的体系，因而薪酬水平具有较大的波动，而高稳定模式则是基本薪酬占的比重较大，一般基于岗位、资历等来决定薪酬的高低，所以一经确定后就很少变动。

企业经营战略的变化一般会导致薪酬策略的改变，这时候薪酬模式就会从一种模式向另一种模式转变。如果这种变革是渐进的、缓慢的，它对员工士气的影响就相对比较小；如果这种变革是激进的、突变的，又没有与员工进行很好的沟通，就可能产生不良后果，有时候还可能影响企业的生产经营。因此，调整薪酬时必须注意以下问题：

（1）尽早让员工知道薪酬调整的计划，并有足够的时间搜集员工的意见并与员工沟通。

（2）尽可能让员工知道企业为什么要采用新的薪酬制度。例如，企业希望维持多少利润，希望激励表现好的员工等；也要让员工知道，企业希望员工表现出什么行为。

（3）让员工明确知道，采用这种新制度，他们的平均薪酬将是多少，如果表现很好，又将可以拿到多少。

（4）如果有可能，应该先设置一个过渡期，帮助员工适应新的薪酬制度。例如，让员工仍然拿原来的薪酬，但是要让他们知道，如果采用新的薪酬制度，他们的薪酬又将是多少。

三、技能薪酬体系与能力薪酬体系

（一）薪酬体系的设计：基于职位还是任职者

知识经济的迅猛发展使组织外部环境的不确定性增强和变化加快，更多的组织采用了扁平化的组织结构以提高灵活性和效率，这就使通过职位晋升获得薪酬提升的机会变得越来越少。同时，组织建立核心竞争力的战略需要员工具有更高的能力、承担更大的责任、解决更复杂的问题，任务的完成更依赖团队合作和较少的直接监督，这就需要与基于任职者的薪酬体系更匹配。也就是说，为了留住核心员工，薪酬体系的设计必须给员工成长留出空间，必须用职位头衔之外的东西去激励员工。对影响和强化有利于实现组织目标的行为来说，以任职者为基础的薪酬体系是一种更好的解决问题之道。

（二）技能薪酬体系的设计

技能薪酬（Skill-based Pay），简称SBP。它是以员工个人所掌握的知识、技术和所具备的一种新的能力为基础支付工资报酬。

1. 建立技能薪酬体系设计小组

制定技能薪酬体系通常需要建立两个团队：一个是指导委员会，另外一个是设计小组。此外，还有必要挑选出一部分员工作为"主题专家"（subject matter experts）。他们的主要作用是在设计小组遇到各种技术问题时提供协助。

技能薪酬体系通常只是在企业的一个或某些部门实行，而不是在整个企业实行。因此，为了确保技能薪酬体系与企业整体薪酬战略之间的一致性，需要建立一个由企业高层管理人员组成的委员会。其主要任务是：①确保技能薪酬体系的设计与企业总体的薪酬战略和长期经营战略保持一致。②制定技能薪酬体系设计小组的章程并且批准计划。③对设计小组的工作进行监督。④对设计小组的工作提供指导。⑤审查和批准最终的技能薪酬体系设计方案。⑥批准和支持技能薪酬体系的沟通计划。

2. 进行工作任务分析

技能薪酬体系的付酬要素应当是那些对有效地完成任务来说至关重要的技能。因此，设计技能薪酬体系的首要工作是要系统描述所涉及的各种工作任务。为了清楚了解这些工作任务，有必要依据一定的格式和规范将这些工作任务描述出来。根据这些标准化的任务描述，我们就能理解为了达到一定的绩效水平所需技能的层次。

在工作分析的基础上，设计小组需要评价各项工作任务的难度和重要性，然后重新编排任务信息，对工作任务进行组合，从而为技能等级和相应薪酬的确定打下基础。

3. 技能等级模块的界定及定价

（1）技能等级模块的界定。所谓技能等级模块，是指员工按照既定的标准完成工作任务必须能够执行的一个工作任务单位或者是一种工作职能。通过工作分析，我们可以确定技能模块中所包括的工作任务，然后据此对技能模块进行等级评定。

（2）技能模块的定价。对技能模块的定价实际上就是确定每一技能等级的薪酬标准。虽然这一步骤的重要性得到了广泛认同，但是至今也没有一种标准的技能等级定价方法，即不存在一种能够将技能模块和薪酬联系在一起的标准方式。尽管如此，在对技能模块进行定价的时候，任何组织都需要做出两个基本决定：一是技能等级模块的相对价值；二是技能模块的定价机制。

4. 技能的分析、培训与认证

设计技能薪酬体系的最后一个步骤是关注如何使员工置身于该体系中，对员工进行培训和认证。在这一阶段，需要对员工的现有技能进行分析，同时还要制订出培训计划、技能资格认证计划及追踪管理工作成果的评价标准。

（1）员工技能分析。对员工进行技能分析的目的在于确定员工目前的技能水平。员工技能的评价者应由员工的直接上级、同事、下级以及客户共同组成。这些人要从各自不同的角度向被评价员工的上级提供评价意见。同时，在进行实际技能评价之前，评价各方应当对评价标准形成共识。

（2）培训计划。由技能分析与评价能够确定员工所处的实际技能水平，因此它所提供的信息对于制订员工的培训计划至关重要。员工培训计划的制订需要关注两方面内容：一是员工的培训需要；二是采用何种方式进行培训最合适。现在可以使用的培训方法有很多。

（3）技能资格的认证与再认证。实施技能薪酬体系的最后一个环节是设计一个能够确定员工技能水平的认证方式。

在技能等级评定和认证完成后，每隔一段时间，还要对技能水平进行重新认证，只有这样才能确保员工能够持续保持已经达到的技能水平。不仅如此，随着技术的革新，技能本身也在发生变化，因此，企业需要根据自身技术水平的更新情况，不断修订技能等级标准，重新进行技能等级的认证。

（三）能力薪酬体系及设计方法

1. 能力薪酬体系的兴起与能力构成

20世纪90年代以后，随着企业之间竞争的加剧，兼并、流程再造、精简裁员等随之而来，企业不得不密切关注如何激励员工以及如何使他们关注企业的战略，在这种背景下，强调员工能力成为企业实现价值的一个重要途径。许多企业发现，自己对于这样一些员工的需求变得越来越紧迫。他们不仅具有很高的能力，而且具有团队协作精神，自己能够做出决策但同时也能承担更多的责任。此外，对于身处现代企业的员工而言，他们需要掌握的不再仅仅是传统的、单纯的知识和技术，更重要的是那些无法显性化的能力——团队协作的能力、实现既定目标的能力、快速解决问题的能力、理解并满足客户需要的能力……正是这些不尽相同的能力构成了企业向员工支付薪酬的基础。

在实际操作过程中，能力薪酬体系通常将员工所具有的能力划分为三个层面，即核心能力、能力模块及能力指标。核心能力是指为了确保组织目标实现，员工所必须具备的技能和素质。核心能力通常是从企业的使命或宗旨陈述中抽象出来的，而这些陈述往往表明了企业的经营理念、价值观、经营战略和远景规划等。能力模块着眼于将核心能力转换为可观察的行为。例如，对应于"经营洞察力"这一项核心能力，能力模块可能涵盖了解组织、管理成本、处理三方关系以及发现商业机会等多个维度。能力指标是指可以用来表示每一能力群中可以观察和测量的行为。在一定程度上，它反映出来的是工作复杂程度不同的职位所需特定能力在程度上的差异。通过能力指标，管理者可以比较直观地界定出特定职位所需的行为密度、行为强度、行为复杂程度及需要付出的努力程度。因此，在不同情境下，可根据这些指标来招募员工、评价工作和确定薪酬。

2. 能力薪酬体系建立的一般步骤

（1）确定支持企业战略、为企业创造价值的能力。首先企业要界定自己准备支付报酬的能力到底是哪些。因为在不同的战略导向和企业文化氛围中以及在不同行业中，作为企业报酬对象的能力组合很可能会存在差异。有时候，即使不同的企业所使用的能力在概念上是一样的，但是同样的能力在不同的组织中很可能有不同的行为表现。

研究表明，最为常用的 20 种核心能力包括成就导向、质量意识、主动性、人际理解力、客户服务导向、影响力、组织知觉性、网络建立、指导性、团队合作、开发他人、团队领导力、技术专家、信息搜寻、分析性思考、观念性思考、自我控制、自信、经营导向、灵活性等。

（2）确定这些能力可以由哪些品质、特性和行为组合表现出来，即具备何种品质、特性以及行为的员工最有可能是绩效优秀者。

在把自己需要员工具备的绩效行为能力界定下来以后，企业还必须明确如何来衡量这些能力。这是因为能力本身是一种抽象概念，如果没有一种明确的衡量手段来评价员工是否具备某种能力，那么能力薪酬计划本身也就无从谈起。一方面，对能力本身进行直接衡量很困难；另一方面，企业关心员工能力的最终目的是员工如何运用这种能力来实现企业所期望的经营目标。因此，采用员工在工作过程中的行为表现及其他特性来代替对能力本身的直接衡量不仅是必要的，而且对企业来说也是最有意义的。

在这一步骤的基础上，企业需要通过观察和直接询问绩效优异者是如何完成工作或解决问题的，来确定达到优秀绩效的行为特征有哪些，或者说哪些行为表明员工具备某种能力。

（3）检验这些能力是否真的使得员工的绩效与众不同，只有那些真正有特色的能力和行为才能被包括在内。

（4）评价员工能力，将能力与薪酬结合起来。根据界定好的能力类型及其等级定义，对员工在某领域中所具备的绩效行为能力进行评价，然后将评价结果与他们所应当获得的基本薪酬结合在一起。显然，在这种薪酬体系中，员工基本薪酬水平的高低取决于他们对于一种工作、角色或者团队功能的理解和执行能力，他们可能因具备某些既定能力或者是能力水平的提高而得到基本薪酬的提升。一旦能力薪酬作为一种基本薪酬被接受，企业就可以将其内化到薪酬体系的其他部分之中，如作为确定浮动薪酬的基础。

3. 能力薪酬体系的注意事项

（1）建立一套能力模型后，再制订一套新的薪酬方案，还不能完全表明企业的期望。这是因为，能力薪酬计划本身是企业以个体或者群体员工的能力为核心的人力资源管理系统的一个重要组成部分，它只是以人为本而不是以任务为本的新型人力资源管理思想在薪酬领域中的一种体现。换言之，对能力的强调必须贯穿企业员工的招募、晋升、绩效管理以及薪酬管理等整个人力资源管理系统。采用能力薪酬体系的企业还必须注意将这种对绩效行为能力的强调融入新员工的甄选以及员工的绩效评价过程。与传统的绩效评价方式不同，强调能力的绩效评价系统不仅重视结果，而且更重视达到结果的行为过程。在这个过程中，不仅要依靠上级对下级的绩效判断，还要参考同级或下级对员工行为和能力的评价。

（2）能力薪酬体系还要求企业建立工作或职务评估系统，建立能够灵活追踪各种外部市场薪酬的信息管理系统和综合性的培训及开发体系（因为能力增强是确定基本薪酬以及加薪的基础）。

（3）能力薪酬计划因为存在额外的管理和人力资源方面的其他要求，所以如果管理不善，其优点很可能会被抵消。然而，一旦得到有效的运用，不仅能够对员工超常能力的绩效提供报酬，而且有助于组织更好地关注其核心使命以及卓越的绩效对于实现组织使命所具备的重要价值。

（4）能力薪酬并非绩效奖励计划的替代，相反，它必须与绩效奖励计划及某些特定技能和能力开发联系在一起。

四、绩效薪酬与激励薪酬

（一）绩效薪酬

绩效工资，也有译为业绩工资的。绩效工资是用来承认员工过去的令人满意的工作行为以及业绩的薪酬增长方式。

1. 绩效加薪

在绩效加薪方案中，年工资的增长通常是与绩效评价等级联系在一起的。各种不同类型的业绩薪酬方案存在于几乎所有企业中。在加薪幅度的安排上，一般要求不同的绩效评价等级对应不同的工资涨幅。

每个绩效年度的年终，通常由员工的直接主管对其进行评价。绩效等级决定员工基本工资的增加幅度。最后这一点相当重要。从绩效的角度来说，只要你和雇主仍维持雇佣关系，那么你每年的工作就会得到相应的有效回报。这样，计入基本工资的金额，就像被施了魔法，向上涨个不停。在员工的整个职业生涯中，这笔金额累计起来会达到数十万美元。

可见，绩效加薪虽然体现了报酬与绩效挂钩的直接联系，但是它的累加性往往会造成支付成本增长过快的问题，因此，一种属于"非累积性绩效加薪"（nonrecurring merit increases）的一次性奖金（merit bonuses）越来越受欢迎，并有逐渐取代传统绩效加薪的趋势。

2. 一次性奖金

一次性奖金是一种没有累加性的绩效加薪方式，是对传统绩效加薪的一种改进。原来的每一次绩效加薪都是要增加工资基数的，因此，工作资历长（经历了多次加薪）的员工工资基数会比较大，新进入者就难以较快地获得相当的工资水平。此外，那些已获得很高工资积累的员工可能目前的绩效并不是令人满意的。

3. 个人特别绩效奖

个人特别绩效奖是一种针对个人特别突出的优质业绩进行奖励的方式，也就类似于我们通常所说的"个人突出贡献奖"等奖项。其最突出的特点在于这样的奖励具有极强的针对性和灵活性，往往可以通过这种奖项来突破一些基本奖励制度在支付额度、支付周期及支付对象上的局限。它的机制比较简单，即谁干出特别突出的业绩就特别奖励谁，而且这种奖励往往是一般奖励难以一次达到的水平。

（二）激励薪酬

1. 激励薪酬与绩效薪酬的不同

绩效加薪、一次性奖金及个人特别绩效奖是对已经（超标）完成的绩效进行奖励的基本方式，这样的支付方式也可以统称为绩效薪酬计划或者绩效奖金计划。此外，为了激励员工更好地实现预先设定好的绩效目标，一些激励薪酬计划或可变薪酬计划被广泛运用。激励计划的操作原则就是通过将员工的实际绩效与确定好的绩效目标进行比较而确定其奖金额度，达到绩效目标则给予一定额度的加薪，超标完成则加薪幅度更大，没有达到绩效标准则没有加薪甚至减薪。激励计划和以上介绍的绩效薪酬计划的相同之处在于两者都是与绩效直接挂钩的，不同之处表现在以下方面：

（1）绩效薪酬一般针对员工过去的、已经完成的绩效水平进行奖励；激励计划则针对预定的绩效目标进行激励以对员工的未来行为产生导向作用。

（2）绩效薪酬中的绩效加薪是基于基本工资的，具有累加性；激励计划一般都是一次性付给，不会持续增加基本工资成本。

（3）绩效薪酬在一般情况下关注员工个人的绩效。

（4）激励薪酬计划除了针对个人，也可以通过将奖金支付与团队、组织的整体绩效相挂钩来体现更为充分的可变性和灵活性，当团队或组织的整体业绩下降时，员工个人的奖金也会减少，从而避免一贯的奖金累加。

（5）绩效薪酬一般都是在绩效完成后按其评价等级确定加薪额度；激励薪酬计划则往往是在订立绩效目标的同时就预先设定好相关支付额度，所以它的支付额员工事先是可以知道的。

2. 激励薪酬的常见类型

激励薪酬或者可变薪酬计划可以采取各种形式：针对个人、团队、业务单位或者全体雇员的。激励薪酬主要有以下几种类型：

（1）班组或小团队奖励计划

班组或小团队奖励是团队奖励计划中最简单也最接近个人奖励计划的一种。它与个人奖励计划的不同在于每个成员只有在班组或团队的目标实现后才能获得个人的奖励，如果仅仅是个人的目标实现而群体目标并没有完成，个人仍然不能获得奖励。比如需要一个团队去完成一份调查报告，其中就有人去做调查设计，有人去实施调查、收集数据，有人去分析调查结果并撰写调查报告，直到最后报告完成了，大家才能获得相应的奖金；只是完成其中的某个步骤而非整体完成目标，则任何人都不会得到奖金。

同时，奖金的发放方式是一个必须考虑的问题。在组员间分配奖金时一般有如下三种方式：①组员平均分配（这样在一定程度上有利于加强个人之间的合作，但另一方面也可能因为缺乏奖励层次而形成吃"大锅饭"的不良结果）。②组员根据其对班组绩效的贡献大小得到不同的奖金（相对来说，奖金与个人贡献挂钩更具有激励性，但是对个人的贡献评价提出了很高要求，否则会产生个人之间在利益分配上的矛盾）。③根据每个组员的基本工资占班组所有成员基本工资总数的比例确定其奖金比例（这种方式基于一种基本的付酬理念，即拿高工资的人比拿低工资的人对组织贡献大。这种方式容易计量和实施）。

（2）利润分享计划

利润分享是迄今最古老的一种激励薪酬形式，在美国，对其的使用可以追溯到19世纪末期。尽管这种形式的吸引力随时代变化有涨有落，但在整个工业时期中一直被广泛使用。利润分享是根据利润或回报的某种衡量标准来确定工资的计划，这种衡量标准包括完全会计利润、经营利润、资产回报、投资回报、资本收益、销售收入、附加价值率或工资成本产出率及其他可能的回报。这是激励薪酬计划最常见的几种形式之一，是建立在整个公司经营的盈利能力基础上的。

利润分享旨在鼓励员工帮助企业赚取利润，加强员工对企业的投入感和提高他们继续留在企业工作的可能性。

（3）收益分享计划

收益分享计划是企业与雇员分享由于企业或团队的改善（可以是生产销售方面的改进，也可以是顾客满意度的提高或者是成本的降低以及更良好的安全记录）而带来的财务收益。它与利润分享计划的区别在于它使用的衡量标准是营业或业绩标准，而不是衡量盈利能力的标准。具体来讲，这些业绩标准包括成本、生产率、原料和库存利用、质量、时效性或反应灵敏性、安全性、环境的协调性、出勤率和客户满意程度。制订收益分享计划的目的是使所有雇员都能从建议体系所带来的生产效率提高中得到货币性奖励，同时它还反映了强调雇员参与的管理理念。收益分享计划主要有三种方式，即斯坎伦计划、拉克计划和提高生产率分享计划。

（4）员工持股计划

与这些分享计划相并列的另一类运用于组织全员的激励计划就是通过向员工提供股票、股权之类以达到激励目的的持股计划。从时期上看，这类计划通常属于以超过一年的时间为考评、支付周期的长期激励计划。这类计划所支付的激励方式一般包括股票、股份和股权。其中比较流行的一种就是员工持股计划。

员工持股计划是目前被广泛采用的全员股权激励计划。它的运作方式一般是：公司把一部分股票（或者是可以购买同量股票的现金）交给一个信托委员会（其作用就是为雇员购买一定数额的企业股票），这个数额通常依据雇员个人年报酬总量的一定比例来确定，一般不超过 15%。信托委员会把股票存入雇员的个人账户，在雇员退休或不再工作时再发给他们。

（5）股票期权计划

股票期权计划长期以来成为各种激励方案之中人们所关注和讨论的热点。它对于企业员工的长期激励特别是对企业的经营和发展起关键作用的人，包括核心技术人员和高层管理人员等具有重要意义。

所谓股票期权计划，就是企业给予高级经理人员在一定期限内按照某个限定的价格购买一定数量的企业股票的一种权利。企业给予高级经理人员的，并不是现实的股票，也不是现金，而是一种权利。凭借这种权利，企业的高级经理人员可以以某种优惠条件来购买企业的股票。

企业的股票期权计划具有三方面的基本特征：一是自愿性。股票期权只是一种权利，并不是义务。获得这种权利的企业高级经理人员，完全可以根据自己对多种情况的判断和分析，自愿地选择购买或不购买企业的股票。二是无偿性。股票期权作为一种权利是无偿由企业赠予其核心人才的，不需要权利获得者任何财务支付。只是以后，与股票期权相联系，这些权利获得者可以现实地购买企业股票的时候，才需要相应的财务支付。三是后续性。股票期权计划作为长期薪酬管理的激励作用，不仅体现在一次性的计划实施过程中。其形式、内容、起讫时间都可根据企业的人才激励与人才吸引的需要而做出变动。一次股票期权计划接近结束时，另一次又会适时地开始，连续不断的股票期权计划产生了"金手铐"的效应，将企业核心人才留在企业里，并尽力发挥他们的作用。

第三节　员工福利管理

福利是指企业为了满足劳动者的正常生活需要，向员工本人或家属提供的除工资收入、奖金之外的货币、服务、各种保障计划及实物报酬。福利是薪酬的间接组成部分，与工资和奖金不同的是，福利通常与员工个人业绩没有直接关系，也很少以现金形式表现在现代企业中，福利在薪酬中的比重已经越来越大，对企业的发展具有许多重要意义。

一、员工福利的作用体现

第一，吸引和保留人才。随着劳动力市场上对于人才的竞争日趋激烈，企业为了吸引优秀的人才，就必须在报酬上具有一定的优势。许多企业选择为员工提供有很大吸引力的福利项目，在其他条件相同的情况下，企业提供的福利会对求职者产生很大的吸引力。同时，对于企业内的员工也一样，优厚的福利项目是保留、激励员工的有效手段。

第二，减少员工个人和企业的税收负担。福利相对于工资和奖金，还有一个十分重要的功能是税收减免，无论对于企业还是对于员工，福利都可以起到税收减免的作用。对员工而言，以福利形式获得的收入往往也是无须缴纳个人所得税的；对企业而言，员工福利计划的税收待遇往往要比货币薪酬的税收待遇优惠。用来采购或支付大多数员工福利的成本是可以享受免税待遇的，这样，企业将一定的收入以福利形式而不是以现金的形式提供给员工更具有成本方面的优势。

第三，传递企业文化，培养员工忠诚度。现代企业越来越重视员工对企业文化和价值观的认同。积极的、得到员工普遍认同的企业文化，将对企业的运营效率产生十分重要的影响，而福利是体现企业管理特色、传递企业对员工的关怀、创造一个大家庭式的工作氛围和组织环境的重要手段，因此，福利对于员工忠诚度的培养具有重要作用。

第四，改善员工的生活条件。福利能满足员工的衣食住行和孩子教育等方面的需要，减少其后顾之忧，使员工从繁重的家务劳动中解脱出来。同时，福利为员工提供了娱乐和学习科学文化知识的条件，从而提高了员工的生活质量。

二、员工福利的形式

在不同的企业中，福利的内容是各不相同的，存在非常大的差异。一般来说，可以将福利的项目划分为两个组成部分：一部分为国家法定福利；一部分是企业自主福利。

（一）国家法定福利

国家法定福利是根据国家的政策、法律和法规，企业必须为员工提供的各种福利，具有强制性，从我国目前的情况看，法定福利主要包括以下几项内容：

1. 法定社会保险

法定社会保险包括养老保险、医疗保险、失业保险、工伤保险和生育保险，企业必须按照员工工资的一定比例为员工缴纳保险费。例如，我国《失业保险条例》第六条规定，城镇企业事业单位要按照本单位工资总额的 2% 缴纳失业保险费。

2. 公休假日和法定节假日

目前，我国实行每周休息两天公休日制度，同时规定了元旦、春节、国际劳动节、国庆节等为法定节假日。在公休日和法定节假日加班的员工应享受相当于基本工资双倍或三倍的津贴补助。

3. 带薪休假

带薪休假是指员工工作满一定的时期后，可以带薪休假一定的时间。我国《劳动法》第四十五条规定："国家实行带薪年休假制度。劳动者连续工作一年以上的，享受带薪年休假。"

（二）企业自主福利

企业自主福利是企业根据自身的管理特色和员工的内在需求，自主向员工提供的福利。比如，除了法定节假日之外出于某种原因而为员工另外提供的各种假期、休假，为员工及其家属提供的各种服务项目（如儿童看护、老年人护理等），以及灵活多样的员工退休计划等。企业自主福利与法定福利本质上的不同之处在于：它们不具有任何强制性，具体的项目也没有一定的标准，企业可以根据自身的情况灵活决定。

三、员工弹性福利

弹性福利，也叫自助式福利，就是员工可以从企业所提供的一系列有各种福利项目的菜单中自由选择所需的福利。弹性福利强调让员工依照自己的需求，从企业所提供的福利项目中选择组合自己的一套福利套餐，每一个员工都有自己专属的福利组合。另外，弹性福利强调员工参与的过程。实施弹性福利的企业，并不会让员工毫无限制地挑选福利措施，通常都会根据员工的薪水、年资或家庭因素来设定每一个员工的福利限额。而在福利清单上所列出的福利项目都会附一个金额，员工只能在自己的限额内认购喜欢的福利。

（一）附加型

附加型弹性福利是最普遍的一种形式。所谓附加，就是指在现有的福利计划外，再提供其他不同的福利措施或扩大原有福利项目的范围，让员工自己去选择根据薪资水准、服务年限、职务高低和家庭情况等因素，给每个员工发放数目不等的福利限额，员工再以分配到的限额去认购所需要的额外福利，有些企业甚至还规定，员工如果未用完自己的限额，余额可兑换现金。

（二）核心加选择型

核心加选择型弹性福利由"核心福利"加上"弹性选择福利"所组成。核心福利是每个员工都可以享有的基本福利，不能自由选择，可以自由选择的福利项目全部放在弹性选择福利之中，这部分福利项目都附有价格，可以让员工选购。员工所获得的福利限额通常是未实施弹性福利制度前所享有的福利，总值超过了其所拥有的限额，而差额可以兑换现金。

（三）弹性支用账户

弹性支用账户是一种比较特殊的弹性福利制度。员工每一年可以从税前收入中拨出一定数额的款项作为自己的"支用账户"，并以此账户去选择购买雇主所提供的各种福利措施。支用账户的金额不用缴纳所得税，不过账户的金额如未能在年度内用完，余额就归企业所有，既不可在下一年度中并用，也不能以现金的方式发放。各种福利项目的认购款项如经确定，就不能挪用。这种福利制度可以使福利账户款项免于纳税，相当于增加净收入，所以对员工具有吸引力，但行政手续过于烦琐。

（四）福利套餐型

福利套餐型是由企业同时推出不同的福利组合，每一个组合所包含的福利项目或优惠水平都不一样，员工只能选择其中一种。就好像餐厅中推出的各类套餐一样，食客只能选择其中一个，而不能要求更换套餐里的内容。在规划这种弹性福利时，企业可根据员工的背景（婚姻状况、年龄、有无住宅需求等）来设计。

（五）选高择低型

选高择低型福利是指提供几种项目不等、程度不一的福利组合供员工选择，以组织现有的固定福利计划为基础，再据此规划多种不同的福利组合。这种组合的价值和原有的固定福利相比，有的高，有的低。如果员工看中了一个价值较原有福利措施更高的福利组合，那么就需要从薪酬中扣除一定的金额来支付其间的差价；如果员工选择了较低的组合，则可以要求企业返还其间的差额。

第六章　人力资源管理的创新发展与实践

第一节　互联网思维下的人力资源管理

全球经济一体化的进程加剧了市场竞争，对于企业的长远发展而言，做好人力资源管理工作尤为重要。从概念层来分析人力资源管理，即通过经济学和管理学的相关理论方法，对企业员工进行的评价、管理、激励等，由此来提升人力资源管理效能，以最终实现企业的组织管理目标。与传统人力资源管理工作不同的是，互联网时代下的人力资源管理工作更加高效，基于互联网思维下的人力资源管理创新能够加速组织管理目标的实现，是强有力的驱动剂。因此研究互联网思维下的人力资源管理创新，对企业经济效益及市场竞争力的提升意义重大。

一、互联网思维及其特点

互联网思维，可以看作互联网时代的一种思考方式，其不仅是互联网企业、互联网产品、移动互联网，同时也包含了终端设备。互联网思维，即降低互联网的维度，互联网产业以低姿态去融合实业，并对市场、产品、价值链、商业生态等进行重新思考的一种方式。

互联网思维是互联网发展到一定阶段所形成的思维方式，其利用了互联网的技术、价值、规则、方法等来实现对工作和生活的创新。互联网思维具有信息渠道扁平化特征，这种平行化的信息传输方式，有助于新的互动协同关系的形成。在现代化企业遵循以人为本的管理理念前提下，互动协同，情感的交流沟通非常重要，而互联网思维能够打破传统层级的汇报关系，为员工提供成长渠道，不断推动企业与员工的共同发展和共同成长。

二、互联网思维下人力资源管理发生的新变化

基于互联网思维下，人力资源管理工作发生了一定变化，而其中以人的变化为主，人的需求更加趋向于多元化、个性化及专业化。人力资源管理工作必须对人力资源的作用进行重新审视，要从以人为本的角度出发，不断革新人力资源管理模式和观念。下文从三方面阐述了互联网思维下人力资源管理的新变化。

第一，人力资源管理工作数据化。基于互联网思维下人力资源管理工作的数据化特征

非常明显，人力资源管理工作的各个流程，如招聘、录用、培训、绩效等，都可以用数据来进行记录，通过深挖这些数据信息，能够从根本上有效提升人力资源管理质量和管理水平，由此也能为人力资源相关决策的制定提供强有力的数据支撑，有助于高效决策的制定。与此同时，在以数据为核心的人力资源管理工作中，其主要通过深挖价值数据的方式，将人力资源进行价值量化，并由此不断强化管理工作，最终推动组织目标的完成。

第二，人力资源管理去中心化。传统人力资源管理模式下，人力资源管理工作的基础一般围绕着科层结构框架，在此结构框架中，以主体人物或中心人物的中心化特征非常明显。基于互联网思维模式下，人力资源管理工作的去中心化特征较为突出，究其原因，在互联网环境下，员工价值创造模式非常丰富，且员工所创造的效能也有极大提升，企业与员工之间已不是单纯的依附关系。由此企业人力资源管理工作内容也要进行相应调整，要彻底转变传统人力资源管理模式下只对核心人员进行定义的观念，要重视每一位员工，将其作为核心人员来对待，每一位员工都为组织的发展贡献着一份力量。现阶段，人力资源管理去中心化的典型代表即为华为公司，该公司为扁平化组织结构。

第三，人力资源学习需求内在化。互联网技术的飞速发展，现代化社会进入了知识经济时代，知识、技术、信息在不断更迭，而人力资源管理工作，对员工自身素质的要求也越来越高，员工只有不断学习，学习新知识新技术，才能跟上时代的发展。所以，互联网思维下的人力资源管理人员更应具有较强的学习能力和学习意愿，在工作中树立创新意识，不断丰富学习方式方法，以便更好地投入人力资源管理工中。此外，人力资源学习需求的内在化，即企业在人力资源管理工作中，要始终立足自身发展实际，不断优化调整人力资源发展方向，注重人才培养的内容、形式、方法等，要在细节上下足功夫，提高人力资源的效益，从而不断发挥人力资源的最大化作用。

三、互联网思维下人力资源管理的创新对策

（一）增强人力资源管理的信息化建设

互联网时代是数据大爆炸时代，各类数据都独具商业价值，而如何科学、有效地对各类数据进行深挖和分析，并从根本上提升企业的经营效益是值得深思的。数据管理作为信息化管理的实质内容，加强信息化建设显得尤为重要。

互联网思维下的人力资源管理创新过程中信息化建设必不可少。通过信息化建设来提升人资管理工作的质量和效率，为企业的发展助力，在加强人力资源管理信息化建设中要从两点着手：第一，将人力资源信息化建设工作贯穿整个人力资源工作中，以最终实现人

力资源管理工作的规范化和科学化，提升人力资源管理工作的水平；第二，企业人力资源管理信息化建设中，要深挖人力资源数据，并对此类数据进行分析，从根本上提升工作效率，发挥人力资源管理工作的最大化效用。

（二）大力推动组织与制度的创新

企业传统的组织体系与相关制度在现代化社会发展中逐渐被淘汰，互联网时代下人力资源管理结构与制度在不断革新，人力资源管理的去中心化逐步实现，而柔性的组织结构正在形成，因此不断推动组织与制度的创新，是互联网思维下人力资源管理创新的重要工作内容。在具体工作中要从以下三方面入手：

第一，构建扁平化的组织体系，彻底消除企业与员工之间存在的依附关系，应赋予员工更多自主权，提升员工对工作的投入度。

第二，要针对互联网时代的特点，对人力资源管理制度进行调整，网络时代下存在着情感沟通欠缺的问题，要针对这个缺陷对制度进行调整，使员工能够自愿表达想法及诉求，关注员工诉求的实现，建立员工的归属感，以不断提高企业的凝聚力和向心力。

第三，互联网思维下，要不断完善人力资源管理机制，科学、全面、系统地评估人力资源管理工作，创设良好的人力资源工作环境，科学配置人力资源，不断提高人力资源管理工作的质量，由此实现企业的低消耗和高收益。

（三）增强创新型人才的培养

现代化社会是知识和技术当道的社会，粗放型的经济增长方式已经一去不复返，取而代之的是集约型的经济增长方式，而集约型经济增长方式主要依靠的是科学技术和创新型人才。无论经济增长方式如何变化，创新仍然是社会发展中必不可少的一环，创新同样是企业健康持续发展的有效途径。人力资源管理创新中，要注重对创新型人才的培养，只有不断提升员工的创新能力，才能切实提升管理工作的水平。

第一，在创新型人才培养的过程中，要坚持"差异化"培训。差异化主要体现在员工个性、能力、学历等方面，因此企业应结合实际开展差异化的培训，提高各类人才的创新能力，培养创新型人才。

第二，创新型人才的培养更需要从工作过程中着手，以创新意识和创新能力为主线，围绕这条主线来开展创新型人才培养的工作，全面提升创新型人才的综合素质。

第三，在创新型人才培养的过程中，要注重宽严相济，即要宽容有度，一味地严格可能会挫伤员工创新的积极性和持续性，所以要探索完善的人才培养体制，鼓励员工创新，肯定员工创新，并对员工创新成果给予适当奖励，同时也要坦然面对创新失败，寻根溯源，为更好创新奠定坚实的基础。

（四）坚持情感链接，积极促进互动沟通

网络时代下，人们之间的距离被拉近了，沟通和交流不再受时间和地域限制，信息更加透明和公开，企业员工的情感变化会更加明显，同时能自由地表达诉求。在这种情况下，企业人力资源管理工作要能充分重视员工情感变化和价值诉求，以体现企业的人文关怀，提高人才对人力资源服务的体验感，加强情感的沟通与交流。

（五）积极构建 e-HR 人力资源结构

企业中构建 e-HR 人力资源结构，是人力资源相关工具、数据等的结合，以信息技术为根本依托，工作人员能够实时地沟通和交流信息，由此实现人力资源与技术环境协调发展。在 e-HR 结构中，可通过利用电商模式来优化完善人力资源的运作，如此不仅能降低成本，也能更好地为员工的交流沟通提供便利渠道，有助于员工和管理人员更好地参与到人力资源管理工作中，遵循现代化企业以人为本的管理理念，体现了企业的人文关怀。此外，在人力资源结构中利用电子商务模式，人力资源管理工作者可以从繁杂的工作中抽离出来，从而更好地投入人力资源的战略管理工作上，而这有助于企业人力资源竞争力的提升；同时，还能将激励的范围不断扩大，由原来周期激励转为全面激励，对员工的工作贡献给予及时的奖励，激发员工的工作潜能，燃起员工的工作热情，工作也会更加高效，而这对于企业制度及文化的落实也起着积极的推动作用。

综上可知，人力资源管理工作与各项管理工作之间关系紧密，而基于互联网思维下创新人力资源管理工作能够从根本上提升管理水平。在企业实际发展中，要结合企业的经营现状，以互联网的思维模式来解决工作中存在的问题，更应该通过互联网思维来进行人力资源管理模式的创新，以不断满足现代化社会发展所需，并顺应互联网时代的发展，提升人力资源的最大化效能，不断优化人力资源，使人力资源管理能够更好地为企业发展服务。

第二节　大数据技术助推人力资源管理

随着市场经济的发展和壮大，企业作为社会主义市场经济的重要组成部分，其自身的实际发展将会对市场带来直接的影响。当前，企业的发展建设在顺应外部经济环境的同时，也要注重内部管理建设的全面性、科学性和多样性。因此，基于当前大数据时代的背景下，结合企业发展的实际状况，要合理分配内部管理建设的各项资源，重视关键部门所发挥的职能作用。人力资源管理作为企业的一大核心管理内容，与企业的生产、经营和管理等环节，都有着千丝万缕的联系。

一、大数据在人力资源管理中的特征及作用

（一）大数据在人力资源管理中的特征

大数据包含的信息广泛而庞杂，所涉及的样本量是全体样本而非抽样或随机样本，其数据类型既包括结构化数据又包括非结构化数据，通过对海量混杂的数据进行处理分析，找出数据之间的规律，并借此挖掘出价值。而人力资源管理中同样存在信息数量大、变化快、多样性等特征，大数据的这些特征刚好与人力资源管理的数据特征相吻合，利用大数据工具和手段可以更好地提升人力资源管理的工作效率。

1. 薪酬绩效管理精细化

当前，部分企业由于创建时间较长，内部管理制度和管理体系已呈现出长期稳定和固化的状态，并没有结合外部市场和外部环境的具体变化而作出调整。传统的企业人力资源管理模式，在薪酬绩效考核环节已与当代先进的绩效考核制度相脱节，并不符合企业建设发展的真实需求。而企业的薪酬绩效管理作为企业人力资源管理的关键内容，倘若此环节落实不到位，将直接影响后期数据的真实性、有效性和全面性，在一定程度上也会削弱企业员工的工作积极性。目前，结合大数据的背景环境，企业的薪酬绩效管理也呈现出新的特点和特征。与以往传统的薪酬绩效管理模式所不同的是，大数据时代下的薪酬绩效管理更加强调精细化，换句话说，就是将企业内部的各个部门以及员工实行精细化的管理。采取更加高效科学的管理手段，注重管理模式的推行细致化、措施个性化和制度精细化。将企业内部的每一项绩效评价都与企业员工的工作内容、工作态度和工作成果等紧密联系，进一步提高企业整体的人力资源管理水平和管理质量。

2. 人才选聘管理定量化

企业的人力资源管理是一项全面而系统的工作。科学专业的人力资源管理工作要遵从和适应现代化企业建设的需要，不能忽视人员管理在其中的重要性，良性的公司团队和成员，是企业人力资源管理科学性、健全性的重要体现。结合企业人力资源管理的具体要素，其中人员的选聘作为人力资源部门的重点工作，其工作质量的好坏、选聘人员的恰当与否，将直接影响到企业内部人员建设与管理的真实效果。以往的大部分企业对于人才选聘往往开展得较为宽泛，没有具体的体系制度框架，从侧面也反映出，很多选聘和任职环节有着浓郁的主观色彩，带有强烈的个人主观思想，单纯根据人力资源管理人员的喜好来决定人员的聘用，这是极其不科学的。长此以往，会造成企业人力资源管理工作的低效能，很有可能丧失宝贵的人力资源和高质量的人才。

而在大数据的支撑和辅助下，企业的人才选聘管理呈现出定量化的特点。在具体的人员选聘环节，减少外界因素的干扰，最大限度地保证选聘结果的公正性、合理性。适时地融入大数据，对企业内部的每一个职员均建立起定量化的考核应聘制度，对员工的实际工作情况进行全面系统的分析与评价，从而为员工的晋升等环节，提供科学合理的依据，以科学的分析结果，保证企业内部人员管理的有效性，让企业内部的员工明确自身未来奋斗和努力的方向，不断完善自己，以达到具体的要求和标准，推进企业人力资源管理的有序化。

3. 人力资源管理动态化

人力资源的管理渗透到企业建设的方方面面，不仅仅涉及到企业内部的各部门人员，更是体现企业制度、管理能力和建设能力的一大方面。因此，人力资源管理的过程要适合企业建设的实际需求，融入动态化的管理要素，将大数据与当前的企业人力资源管理高效结合。此外，企业人力资源管理过程中，并不单单是人员的参与，也涉及到大量的数据信息，这对于有效的开展人力资源管理工作而言，是一项不小的工作内容。因此，结合企业人力资源管理的动态变化特征，及时地引入大数据技术，可以帮助企业随时随地调取和使用所需的数据信息，完成相关的数据采集及分析工作，在一定程度上避免企业人力资源管理信息与企业整体管理的脱节，保证了两者之间的双向同步发展，做到内外部和谐统一。

基于大数据提供的动态趋势，从而分阶段、分层次地分析和掌握企业最新、最真实的管理现状，将大数据的实时性和动态监管与企业的现代化人力资源管理特性结合，借助大数据搜索和挖掘企业中隐藏的问题，及时找到问题的症结所在，在关键和核心问题上不能让步，发挥动态性监管的重要作用，同时也要确保问题处理的及时性，提升企业人力资源管理的水平。

（二）大数据技术在人力资源管理中的作用

1. 有利于提高人力资源管理的有效性

针对目前企业人力资源管理工作开展过程中存在的相关问题，要采取及时有效的措施进行处理和解决。大数据技术的出现并不是主导和占据企业人力资源管理的绝对地位，而是以一种科学便捷的技术手段，进一步完善和创新当前的人力资源管理现状。人力资源管理是一项目的性极为明确的管理行为，而大数据恰巧符合人力资源管理的这一特性，将大数据技术适时地加入到企业人力资源管理之中，有利于为现阶段的人力资源管理增添活力，提高管理的效率和针对性。换句话说，企业人力资源管理模式的创新应从多方面入手，既要做到观念的创新完善，也要做到切实推进制度的落实，将口头的目标转换为实际的行动，不能将大数据技术与企业人力资源管理生硬地放在一起，要借助技术的先进性、科学性来辅助管理行为。结合企业人力资源管理工作发展阶段存在的现实问题，要做到具体问题具体分析，做到实事求是，找到问题的根源和本质，不能仅仅看到问题的表面现象，通过借助大数据技术，采取更加科学高效的举措行动，有利于更快更好地完善企业内部的人力资源管理模式，助力企业经营管理者的管理工作，从而提升企业在整个行业中的竞争力和影响力。

2. 有利于促进人力资源管理工作数据化、信息化、高效化发展

大数据时代所表现出来的特点，是其广泛应用于各行各业的重要基础。企业的长远建设和发展也应关注到大数据的强劲势头，重点是将其优势引入现代化企业人力资源管理工作之中，逐渐朝着现代化企业管理体系迈进。因此，基于大数据的优势特点，以及其与现代化人力资源管理的贴合性，可适时地探索两者之间的联系，通过借助大数据这一有力的平台和媒介，提升现代化企业人力资源管理的质量。有利于人力资源管理贴近现代化企业建设的实际需要，满足信息化时代飞速发展的现实。面对海量的资源数据，单纯依靠人力既耗费时间精力，同时无法确保精度和准确度，而融入了大数据，有利于促进人力资源管理工作数据化、信息化、高效化发展。在这个过程中，也要重视人才的培养和引进工作。目前，在大数据时代开展人力资源管理工作，专业的人力资源管理人员是不可或缺的。因此，企业要重视人才的引进与培养，有利于优化企业人力资源管理的人才结构，为提升企业人力资源管理工作的水平提供坚实的人才基础，增加人才储备力量，助力企业实现新的发展。目前，加强企业人力资源管理工作并不仅仅是一项单一的环节，企业人力资源管理的最终效果，与企业采取的各项措施都息息相关，因此，推进大数据时代下人力资源管理模式的创新，要加强企业内部各部门之间的联系，统一规划，有利于保障企业人力资源管理模式创新工作的顺利开展。

二、大数据时代下企业人力资源管理的创新途径

（一）基于大数据进行人力资源规划

目前，企业人力资源管理工作过程中产生的实际问题，正是企业实现自身创新突破的

关键，是企业未来进一步优化企业人力资源管理工作的重点方向。企业的经营管理者要站在全局的角度去审视和思考企业未来的发展趋势，要看到大数据时代所带来的巨大便利。当前，在大数据时代开展企业人力资源管理模式创新工作，要将大数据技术与企业人力资源管理做到高效融合。基于大数据进行人力资源规划，要确定研究规划的立足点去审视和确定未来管理规划的具体目标，实时通过获取和分析市场经济环境和变化趋势，获取全面细致的数据，从而确保企业人力资源管理模式制定得科学合理。大数据的融入为现代化企业人力资源管理提供了新的思考点和突破点，而作为企业的管理人员要树立长远的发展意识，对于企业未来的发展要建立长效持久的规划。在大数据的影响下，企业更加注重自身管理的信息化、专业化，采取各项信息技术为企业的具体业务、具体管理工作所服务，不断转变自身的人才管理观念，对人才的综合素质和综合能力进行管理与评价，确保企业人力资源管理工作达到新高度。

（二）基于大数据进行人力岗位配置

对于当前的企业人力资源管理工作，重点是完善管理工作的内部管理内容，而人力资源管理环节要重视人才配置工作。具体而言，企业在人才配置环节，要积极运用大数据的支持，改变以往传统人才配置的制度和模式，注重人才的长效价值。结合部分企业在人才配置方面的实际情况，主要呈现出企业员工岗位配置的随意性，主要是依据人力资源管理人员的经验和爱好进行岗位调配，这种人才配置方式既不利于体现职能本身的价值作用，同时也浪费了人才的潜在能力，这对于企业的长远发展而言是极其不利的。基于大数据进行人力岗位配置，是利用科学有效的大数据技术，结合企业内部员工的基本信息，在此基础之上，对信息数据进行全面分析和评价，以维护企业人力资源管理工作的公正性，保障人员配置工作的合理性。基于大数据进行人力岗位配置，在一定程度上避免了由于主观个人因素所带来的影响，能够捕捉到以往在人员配置方面常常会忽视的细节，使得企业人力资源管理工作更加完善。通过使用大数据技术，为企业人力资源管理工作提供了新的思路和途径，加大了岗位人员匹配的契合度。

（三）基于大数据进行人力价值挖掘

目前，企业在开展人力资源管理工作，要注重工作的持久性和长远性，对于员工价值的挖掘与培养，要做到持之以恒。当员工被安排到不同的职能部门后，作为企业的经营管理人员，不能忽视对员工个人能力和职业技能的培养工作。为了使企业整体发挥出最大的效能，实现所制定的经营目标，企业本身就应善于对企业的人才价值进行挖掘。基于大数据进行人才价值的挖掘，可以帮助企业搜集到更加全面的数据信息，除了企业在选聘初期所了解的基础信息之外，更重要的是，可以帮助企业了解和挖掘到员工个人本身所具备的潜在能力和价值。通过了解和掌握员工的潜在价值，企业可以根据掌握的现实情况调整和完善目前企业在人力资源管理工作中实施的管理制度与模式，让员工在适合的岗位中发挥更大的潜能和价值，帮助企业实现更好的发展与进步。部分企业对企业内部的员工了解并不全面，从而导致员工的配置不合理，基于大数据模型帮助员工建立职业规划曲线，让员工看到了更全面的自己，也看到了公司未来发展的可能性，这对于员工自身而言，是一种巨大的鼓励与鼓舞。同时，也在一定程度上节约了人才使用的成本，发挥了企业人力资源管理的价值。

（四）基于大数据进行人力资源激励

企业人力资源管理工作中必不可少的关键制度就是激励机制，这是推进企业不断完善进步的重要动力。在如今的企业人力资源管理工作中，必要的激励制度可以大大调动员工的工作积极性，让员工感受到企业的关怀与认可，从而加大未来工作的信心，增强自身的工作热情。在大数据的支持下，企业的人力资源激励制度会适当地予以完善和改进，结合大数据的分析结果，对企业内部发展突出、业绩突出等员工予以表彰和奖励，使企业的人力资源管理模式更加公平、更加透明，体现了人力资源激励制度的客观性，也推进了人力资源激励制度在企业内部的推行与实施。由于大数据本身所具备的动态性特征，其在对企业员工进行考核评价的过程中，不会仅仅停留在员工的以往业绩能力，会以动态化和长远性的眼光去看待企业员工的实际发展情况，可以实现对企业员工的实时追踪与动态分析，确保最终评价的科学性、合理性和全面性，从而可以很好地适应企业人力资源激励制度的实际要求与标准。企业基于大数据设立人力资源激励制度，能够对所有影响因素进行全面的分析和评价，体现了所使用模型的科学性。

（五）基于大数据构建人力资源管理系统

企业人力资源管理工作的有效展开，需要各个环节之间协调配合，重点是需要配备完善的制度体系。因此，基于大数据建立人力资源系统，是当前开展人力资源管理工作的重点。完善的体系制度是保障企业人力资源管理工作有效开展的基础，通过建立合理的体系制度，找到大数据与企业人力资源管理之间的平衡点，从而保证措施更加合理有效。大数据系统涵盖的平台技术较多，任何一个环节的运作都涉及到大量的数据信息，在这个过程中，也要求企业内部的各个部门之间密切配合，及时调整自身的工作行为，满足大数据平台系统的实际要求。同时，结合大数据的优势，可以弥补传统人力资源管理工作的不足，在一定程度上有助于在企业内部形成竞争意识，激发企业内部职员的竞争精神，明确自身的发展目标，在企业内部形成良好的发展氛围。高效的人力资源体系，可以提高数据的采集分析能力，随时关注工作人员的工作情况，以更好地采取下一步行动。

总之，大数据在企业人力资源管理中的应用发展，需要经历一个过程。对于大多数的企业而言，其创建、发展和完善阶段都经历了一个较长的周期，在不同的发展建设阶段，呈现出阶段性的特点。因此，在大数据时代下加强企业人力资源管理模式创新，是推进企业发展创新的重要途径。

第三节　融合人工智能的人力资源管理

"互联网＋"时代，大数据、人工智能等新技术快速发展，各实体产业也在探索如何积极有效地应用人工智能增强自身的经营效率与效益。从现阶段有关企业人工智能的应用方面来看，融合人工智能技术创新有关管理的效果十分明显，尤其在人力资源管理领域的应用，促使人力资源管理创新变革，进而能够降低人力资源管理成本，提高人力资源管理的整体质量与水平，激发企业员工的工作积极性、主动性与创造性，提升员工自身素质，盘活人力资源全面创新发展。另外，人工智能融合企业人力资源管理创新发展过程中也出现了各种问题，也给企业经营发展带来了诸多困扰，究竟如何契合自身现状进行有针对性的应用已形成不同的争论。因此，很有必要对人工智能概念与应用发展，以及人力资源管理概念及融合人工智能提升数字化的过程中存在的利弊等进行详细论述。

一、人工智能的界定

人工智能也被称为 AI，是指计算机信息技术快速发展的过程中，如何应用其技术进行研究、开发与利用来模拟人的思维、延伸、扩展，诸如推理、计算、思考、学习及规划等智能行为活动的新技术学科。有关智能理论、方法、技术、应用等依靠计算机来实现，智能化的本质在于仿真智能机器的出现，能够灵敏识别语言与模仿动作，而且能够及时处理识别的语言、图像等进而形成系统化的结果，便于人们参考和应用。除此之外，人工智能更是一门综合性极强的学科，设计的学科领域比较宽泛，比如计算机科学、语言学、心理学、管理学等，因此，人工智能的推广与深度智慧发展要求德才兼备的人才能够胜任，目前人工智能的应用十分广泛，且在人力资源领域的创新应用前景乐观。

二、人工智能对人力资源管理产生的影响

（一）人工智能对人力资源管理的积极影响

首先，管理效率的提升。人力资源管理过程中存在许多具有重复性、繁杂性的基础工

作，如人才招聘、日常考勤管理、合同管理、薪酬绩效管理等。这些人力资源的基础工作往往是按照流程与时间节点进行枯燥乏味的重复工作，容易使员工产生工作疲劳感与厌倦感。而且单调重复使得员工的工作精力集中度不够高，反而容易造成各种不必要的错误与返工问题出现，无形中使得人力资源管理效率降低。人工智能技术的应用恰好能够有效解决这些基础性的管理工作，仅仅需要通过计算机系统提前设计好人力资源管理的基础工作程序，实现了机器替代人去完成员工考勤与汇总、招聘与筛选简历、档案归档、台账创建、职业测评等，从而提高人力资源管理的整体效率，有效保障了工作质量，为进一步提升人力资源管理决策提供了很好的帮助。

其次，管理成本的降低。如何有效降低企业人力资源管理成本是管理层常抓不懈的一项工作。改进人力资源工作流程、创新管理服务模式、优化企业人才结构等，是企业降低人力资源管理成本的有效策略，但是中小企业经营管理过程中依然存在人才流失的问题，引人、用人到留人成了企业长期存在的一项难题，也是中小企业人力资源成本居高不下的一个原因。人工智能在中小企业人力资源管理中的应用，可以达到人力资源管理成本大幅降低的目的，中小企业借助人工智能技术可以做到对不同员工进行全面测评，对工作效能及工作综合素质的提升等方面进行提前预测，挖掘企业相关信息，让管理人员能够及时掌握企业人才流失的原因，梳理人才流动的各种影响因素，并采取切实可行的措施留住人才，同时对于一些高风险的工作能够用人工智能来替代，从而降低了高风险岗位的用人风险，实现人力资源管理成本的降低。

最后，管理模式的创新。目前人工智能技术在中小企业管理中的应用广度与深度得到了加强，尤其人力资源管理方面对于人工智能技术的应用，从而改变了中小企业人力资源管理的老模式，在人力资源服务模式、思维模式、融合新技术模式等方面进行创新，中小企业通过各种渠道补充人力资源管理高素质人才，助推人力资源管理模式创新，从战略规划到战术管理执行，实现人力资源管理工作的优化改进。

（二）人工智能对人力资源管理的消极影响

首先，人力资源结构性失衡。人工智能在中小企业管理中的应用会改变原有的采购、制造、财务、业务、办公室及服务等重复性工作，这些重复性工作在人工智能环境下会被智能机器替代，从而造成了中小企业人力资源结构性失衡，某些岗位的人员必然需要分流整合，在此过程中还会存在淘汰、解聘的问题，同时某些岗位会出现符合人工智能技术操作要求的专业人才短缺等问题。所以人工智能在中小企业中的逐步推广，容易产生人力资源结构性失衡的问题，还需要从宏观与微观两方面入手，采取有针对性的解决措施。

其次，人力资源管理就业更难。人工智能在人力资源管理中的应用，要求人力资源服务工作更加智慧化，一些原本由不同人员负责各种简单且重复的人力资源工作被人工智能取代后，人力资源管理的模式发生了质的变化，从以传统的业务型为导向转变为战略规划与价值增值层面的活动，显然会淘汰部分传统事务性工作的员工，会造成人力资源管理部门员工相对过剩。另外，融合人工智能人力资源管理要求熟悉大数据管理与应用、信息管理与信息技术、电子商务等专业知识的人才，对于其他专业的人才应聘人力资源工作变得更难，所以在人工智能环境下从事人力资源管理工作更加困难。

最后，人力资源管理要求更高。中小企业引入人工智能后需要以积极的态度应对新技术带来的各种变革，但是现实情况恰恰相反，一些中小企业，在应用人工智能技术进行创新人力资源管理的过程中，依然存在诸多问题，既有管理观念滞后的问题，也有资金支持投入不足的问题，更有专业技术人才短缺的问题，同时还有组织管理不到位等问题。以上各方面的问题使得在人工智能环境下，人们对于人力资源管理提出了更高的要求，需要中小企业综合考虑，要有战略创新思维，这样才能更好地为智慧企业人力资源管理提供新动力。

三、人工智能环境下创新人力资源管理的策略

人工智能对中小企业人力资源管理而言具有很大的价值回报，中小企业应该客观全面地认识人工智能对于人力资源管理的影响，有关影响可以通过对正向与反向两个层面进行剖析，需要从中小企业市场竞争的大环境出发，充分利用大数据时代人工智能技术提升自身的核心竞争力，并制定切实可行的创新人力资源管理策略为中小企业人力资源管理战略发展带来新活力。

（一）大力打造数智化人力资源管理新模式

当前，人工智能技术随着互联网信息化的快速发展得到了全面创新发展，同时给中小企业的创新发展带来了新机遇。所以中小企业人力资源管理融合人工智能是打造数智化管理的必然选择，符合时代潮流。有关掌上云 HR、HR robot、智慧云管理等数智化人力资源管理模式创新，这是提升中小企业人力资源管理竞争力的有效手段。由于在人工智能下，人力资源管理重复性的基础工作被先进的设备设施所替代，人力资源管理模式创新在于智慧平台的构建、人机互动的程序设计、集成化的人力资源管理云系统等，新的管理模式正是符合创新人力资源管理的必然结果，同时也是提升中小企业核心竞争力实现行业竞争引领的必然选择。

（二）复合型专业人才团队的重构

人工智能技术在中小企业的应用，必然要求人力资源管理专业人才团队的重构，复合型的人才备受青睐。

第一，通过校企联合模式培养人力资源专业人才，符合企业发展需要的急需人才。

第二，要对现有人力资源管理人才团队进行人工智能技术融合培训，提升人才综合素质，并从制度层面对于复合型人才团队建设提供保障，持续不断探索新时代、新技术、新动态下的人力资源管理发展新思路，力求人力资源管理创新发展有新方向，为企业实现价值增值奠定人力保障。

第三，对于特定岗位人才建设需要注入新活力。比如市场营销专业人才与团队建设方面，能否培育出一批能够融合人工智能技术保持和稳定现有市场，又能够开拓市场新潜力的团队人才，在扩大市场、争取更多合作群体方面具有实际效果，从而能够构建尽可能多的合作客户群，使得自身的朋友圈越来越大，为获取更大的盈利能力奠定基础。

由此可见，人工智能技术的应用在促进复合型人才团队建设方面作用明显，如果实施的相关措施得当，必然会加速中小企业创新发展的步伐，在人才管理与技术融合方面起到良好的化学反应，进而促进中小企业经营利润的快速增长。

（三）人力资源服务体系的重新定位

融合人工智能后的人力资源管理在其服务体系方面需要重新定位。相关服务体系的创建离不开以下三方面的具体工作：

一是人力服务结构的数字化，创建中小企业人力资源管理方面的数据库，导入人工智能管理工具，从而提高了智能互联的人力资源服务模式，可见人力服务结构的数字化能够提高工作效率。智能化管理工具的使用改变了传统的人力资源服务模式，有关人力资源管理的招聘、培训、绩效、薪酬、社保、激励等可以使用人工智能工具进行管理，这种创新的人力资源服务体系显然在提升效率、精准服务、价值增值等方面作用巨大。

二是服务范围更加宽泛，人工智能在人力资源管理中的应用，不仅要求人力资源部门创新智能服务的问题，还涉及财务、技术、业务及其他服务部门的数智联动，所谓数字化平台为基础的各种业务与管理活动的融合一体化。因此在人工智能下中小企业内部资源整合发展是企业的必然选择。

三是服务模式要求更加精细化，人工智能在企业管理过程中能够实现定位准确、服务标准、个性化与专业化等解决问题的方法，为中小企业转型发展提供保障。在人工智能时代中小企业要全面思考人力资源服务体系的构建问题，一定要结合企业自身的特点制定具体举措，尤其要清楚地认识企业生命周期的所处阶段，而非千篇一律地进行创新设计服务体系；要发挥人工智能技术的优势点，重新定位人力资源服务体系的不同层次，争取获得企业高层领导的重视，以企业全员参与的方式，提高人工智能环境下的人力资源服务能力与水平。

（四）积极树立良好的职业价值观

人工智能给中小企业的人力资源管理从业人员带来了新课题，在融合人工智能后会出现一系列问题，如，员工须遵循技术不断突破后出现的伦理价值观问题，在实际应用过程中必须依法依规进行技术应用问题，如何正确引导员工遵从职业道德底线问题，以及如何防范新技术下的管理风险问题等。可见，人工智能下要求从事人力资源管理的人员树立良好的职业价值观十分重要。

首先，从业人员调适好自己的心态是关键，员工要有创新的思想认识，改变守旧思维，而且能够身体力行、积极参与，以足够的勇气接受新事物，能够全身心地投入人工智能应用的新环境中来，而非患得患失、犹豫不决状态。

其次，从业人员要改变观念，员工不可抱着得过且过的思想，要从实际出发，根据企业导入人工智能后的现状出发，能够及时更新自己的专业知识，愿意参与其中，通过专项培训、自主学习、交流互助等过程掌握人工智能新技术，摒弃传统人力资源管理的思维模式，以新技术、新方法提升自我管理能力。

最后，从业人员要以身作则，起表率作用，中小企业创新人力资源管理应该从软件与硬件两方面对人工智能进行融合应用，硬件方面要舍得投入，力求符合人工智能的需求。另外，软件方面要有针对性的设计规划，在企业自有技术方面无法实现软件更新的情况下，要寻求软件开发公司的帮助，对有关功能模块等需求进行开发，并给予一定的资金报酬，从业人员需要尽快熟悉人工智能软硬件环境，以全新的状态为企业发展做出贡献。人工智能技术在人力资源管理中的应用，要大力倡导从业人员价值观的改变，并且中小企业全员参与，树立良好的职业价值观，应对新环境、新技术下的新局面，有利于人力资源管理融合人工智能技术实现其管理创新，必然会对中小企业整体价值的提升产生很大的帮助。

综上所述，中小企业的人力资源管理要想得到创新发展，需要结合当前社会发展大环境与企业自身情况进行具体分析，以现代信息化技术手段为抓手进行人力资源管理创新变革是一种必然选择。人工智能技术在大数据时代的应用方面，虽然还存在融合发展有效性等方面的具体问题，但是该技术的日趋成熟，以及在特定行业发展应用方面有了新突破，使得中小企业人力资源管理模式的创新有了新抓手。把人工智能技术真正融合到人力资源管理的实践过程中，是中小企业提升核心竞争力的必然选择，也是快速有效实现中小企业经营发展战略目标的必然选择。

第四节 新媒体发展与人力资源管理创新

一、新媒体发展概述

（一）新媒体的主要特点

新媒体是一种信息数据传播媒介，包括在新媒体环境中出现的各种媒体形态，比如智能手机、互联网媒体、数字电视等。新媒体发展的时间较晚，但是潜力也是最大的，主要有以下特点：

第一，新媒体以新的技术为支撑，因此具有非常大的创新性。在新技术的发展过程中，新媒体将不断更新、创新，会以更多形式出现。

第二，在新媒体环境下，互联网在各个领域不断渗透，改变了人们的生活和工作环境，拉近了彼此的距离，降低了中间消耗。

第三，新媒体在传播过程中非常方便。智能手机以及互联网终端，使得每个人都可以成为社交主体，都可以发布自己的内容，并对各种媒体内容发表自己的见解。新媒体在人力资源管理中加速了人力资源管理变革。在招聘、培训等方面，以及为企业传播价值观，吸引更多专业人才等方面发挥着巨大作用。

（二）新媒体与传统媒体的关系

新媒体与传统媒体相比，特点非常鲜明。比如互联网媒体，传播速度非常快，使得信息可以在短时间内占据舆论主导。在新媒体发展过程中，主要以技术为核心，创新能力较强，利用社会所关注的焦点问题，通过网络传播的方式，传播模式非常灵活，可以有效提升传播量，促进企业市场运营能力的提升。新媒体对于传统媒体是非常大的冲击，使得传统媒体的对象和用户减少。新媒体的新颖、多变、灵活吸引了更多年轻群体。新媒体与传统媒体各有自身的优势，也存在自身的不足，两者融合发展对于舆论的引导有非常重要的作用。

（三）新媒体时代人力资源管理的危机

新媒体在发展过程中，为人力资源管理带来较大的危机。企业员工在工作中，可以利用微信、微博等新媒体平台，传递工作内容和相关信息。但是在传递过程中，容易造成信息泄露，从而造成企业的损失和危机，这些信息容易被竞争对手复制，导致企业的竞争力受到威胁。同时，网络上的黑客、病毒等，可以通过新媒体渠道对员工的计算机、手机进行攻击，从而造成工作信息泄露，甚至可以通过隐藏身份骗取对方的信息，从而造成企业的机密安全性受到威胁。新媒体的发展对于员工的工作效率造成不利影响，使得员工在上班时间不断关注信息，依赖新媒体平台，从而造成工作懈怠，给企业的管理带来不利影响。

（四）新媒体给企业员工带来的影响

1. 新媒体对企业员工的积极影响

新媒体时代下，企业在人力资源管理工作中，应逐渐实现办公自动化，文件存储和传输实现无纸化，为员工的各项工作提供方便。日常生活中可以合理安排自己的时间，通过网络满足员工工作、学习、生活、娱乐的需求，使得员工在工作之余可以放松心情，以更饱满、更积极的态度对待工作，使得员工的生活更加现代化，对员工产生积极影响。

2. 新媒体对企业员工的消极影响

新媒体时代由于网络具有开放性，每个人都可以在网络上发表自己的言论和想法，但是这些信息的真实性无法得到保障。大数据时代拥有海量的数据信息，还需要对这些信息进行甄别和判断。比如，网络游戏、电子书、各种信息对人们的吸引非常大，甚至会导致员工沉迷其中，从而影响自己的工作，出现消极情绪，逃避现实，还存在与同事关系冷漠、不够融洽等问题。不仅如此，网络上出现的病毒、黑客攻击，给网络信息安全带来了不利影响，造成个人隐私泄露，个人以及企业信息泄露，甚至造成非常大的经济损失。

二、新媒体时代下企业人力资源管理的问题及对策

（一）新媒体时代下企业人力资源管理的问题

第一，招聘难度加大。新媒体视域下企业人力资源管理中，招聘依然是非常重要的一个环节，新媒体的出现也使得企业招聘途径增多，加快了信息的传播，吸引更多有志之士加入企业。利用各种 App 可以发布招聘信息，但是受到各种限制只能通过传统的文字描述，不能清晰、准确地描述职位要求，导致很多不符合要求的人员投递简历，给人力资源管理工作带来麻烦。应聘人员在投递简历过程中，各种基本信息填写不够完善，不够真实的情况屡屡发生，使筛选工作加大了人力资源管理的工作量和甄别难度。在简历的筛选工作中虽然采用了较为便捷的工具，但是技术不够成熟，容易造成一些能力不足的人员进入面试环节、有能力的人员被遗漏的问题。

第二，人才培养面临困境。很多企业都非常重视人才的培养以及开发，新媒体视域下为了招聘的方便，一些管理人员在思想上出现偏差，认为人才即使流失也可以通过快速招聘补充。然而实际上刚招聘来的人才对企业的业务、文化都不是非常了解，不能立刻融入企业中，开展各项工作，还需要通过企业的培训、学习，与企业更好地融合才可以胜任一些工作，而在培训过程中会产生较大的培训成本。并且在对人才培训过程中，也不能立即开展工作，而流失的优秀人才可能会到竞争对手企业中去，对企业的长远发展不利。还有部分企业在人才培养过程中，方式方法单一，创新性不足，基本上都是岗前培训、任务表等形式，在培训过程中缺乏专业的培训教师，培训完成后考核也不够严谨，从而无法保证培训效果，给后期人才的发展造成了不利影响。

第三，薪酬与绩效管理面临困境。企业为了吸引更多人才，在新媒体招聘信息中公开自身的福利待遇、薪酬待遇等，而这些信息会对企业的薪酬管理和绩效管理产生较大影响，也会对企业的社会声誉造成影响。部分企业经常在新媒体中"晒"自己的薪酬待遇、企业福利，而这些信息的泄露容易使得企业的竞争对手更了解企业的经营状况，工作内容等。而在企业薪酬管理和绩效管理中，如果存在不透明的情况，员工与同级别的同事对比发现差异后会给企业产生不满，对员工的积极性的提升以及对企业的忠诚度造成影响，如果员工所处职位较高，对企业的发展也会造成一定威胁。

第四，人力资源管理成本升高。新媒体环境下企业可以通过各种平台、聊天工具了解员工的思想、心理，掌握员工的工作和生活状态，从而发挥人力资源的作用，有针对性地帮助员工。新媒体在一定程度上降低了企业人力资源成本。但是企业需要花费大量的资金，采取培训等方式防止新媒体给员工的思想带来干扰。比如，通过软件应用等了解对员工造成的负面影响，对员工工作效率造成的影响等内容，从而增加人力资源管理的投入。企业在对员工的思想、行为进行监督管理的过程中，通过培训提高员工的思想意识、专业能力，这些都会导致人力资源成本的提升。

（二）新媒体时代人力资源管理可采取的对策

1. 借助大数据优化人才招聘工作

在信息技术不断发展的过程中，新媒体技术不断渗透到各个行业中，企业在招聘人才过程中，可以利用大数据技术构建数据库，将人才信息记录在册，在企业需要人才的时候方便进行筛选，掌握更真实的人才信息，使得企业能选择可以满足企业条件的人才，对企业的发展有非常重要的作用。通过数据库可以更好地判断简历信息的真实性，为企业的人力资源管理工作奠定基础。在招聘信息发布过程中，为了解决文字限制的问题，可以通过企业官网详细叙述对岗位的要求、对人才的要求、对人才数量和人才专业的要求，将企业官网网址发布在招聘信息中，使得应聘人员可以清楚地了解招聘信息，明确自己是否可以满足企业的要求，减少不符合要求的人员投递简历，降低人力资源管理人员的工作量。

2. 使用互联网技术培养人才

在新媒体时代，网络发展给人们的生活和工作带来了非常大的便利，也使得人们获取信息的渠道更多，获取信息资源更加方便。在传统人力资源管理中，需要在固定的时间、固定的地点，将企业员工集中起来进行培训，这也是唯一的培训方式，不仅无法保证培训效果，还耽误很多工作人员的时间，引起工作人员的不满和抵触。如果有员工因为事情耽误了培训，也不能进行弥补。新媒体时代下，在人力资源管理培训工作中，方式方法多样化，培训效果好，可以通过现代化的媒体技术进行模拟训练。这样不仅可以提高培训效率，降低培训投入，还可以降低对正常工作的影响。当前，在企业人力资源管理规划过程中，应结合实际情况加强对员工的培训，在培训过程中应充分利用新媒体技术，增强培训效果。首先，在制订培训计划过程中，要具有一定的层次性、针对性，针对不同岗位的工作人员制订不同的培训方案，这样才能达到培训目的。其次，在对员工进行培训的过程中，培训内容应具有一定的系统性和全面性，扎实员工的专业，提升员工的素养，促进员工全面发展。最后，利用新媒体技术，可以采用线上线下结合的培训方式，让每个员工都可以选择适合自己的培训方式，可以利用员工的闲暇时间来培训学习，不受时空的束缚。这样的培训方式可以让员工更好地与岗位契合，还有利于激发员工的潜能，促进企业的长远发展。

3. 增强和完善薪酬与绩效管理

在企业发展过程中，薪酬管理和绩效管理发挥着重要作用，对于激发员工潜能，提高员工工作热情有非常大的帮助，是人力资源管理的重要内容。绩效管理和薪酬管理，可以让员工信任企业，愿意留在企业。在新媒体环境下，企业基本薪酬应公开透明，具体的薪酬内容应该在应聘过程中向候选人详细说明，这样不仅可以保护企业的信息不泄露，还可以让应聘人员初步认识到企业的待遇。在新员工入职阶段，要与企业签订薪酬与绩效保密协议，无论是在职还是离职，都不能泄露企业的薪酬制度和绩效制度，不能泄露企业的商业信息，以免被竞争对手利用。企业还应不断完善薪酬和绩效管理体系，公平公正地对待每个员工，通过制度来让员工信服，提高员工对企业的归属感和忠诚度，为企业的发展和壮大奠定基础。

4. 合理控制人力资源管理成本

当前阶段，为了防止在新媒体中消极的思想和言论对员工造成影响，使员工沉迷，企业应对员工进行正确引导，加强对员工思想培训，传播正能量，坚定员工的思想信念，加强对员工的监督管理。企业可以设立专门部门，通过相关的检测系统对员工的言行、思想、心理进行监督和管理。避免在人力资源管理中投入过多的成本来进行相关工作。虽然前期投入可能会比较大，但是从长远来看可以降低人力资源管理成本，具有非常高的实用价值。企业在招聘阶段就应引进技术人才，从而减少培训、维护等方面投入的成本，让员工快速融入工作中。

三、新媒体时代企业人力资源管理的创新对策

为了更好地适应新媒体带来的改变，企业人力资源管理工作中应不断加强管理制度，更新管理理念，通过绩效考核及激励机制的创新，使得企业可以满足新媒体的需求，不断促进企业管理质量与凝聚力的提升。

（一）创新人力资源管理理念

在企业开展工作时，管理理念是企业的根本，对企业的各项管理工作提供依据和指导，使得企业可以健康稳定地发展。因此在新媒体环境下，企业人力资源管理理念应不断创新。

首先，在进行企业文化构建过程中，可以结合企业自身的情况设立属于企业自身的特色文化，充分利用新媒体的优势，为企业创造良好的文化氛围，调动员工的积极性，使得企业的人力资源管理水平得到提升。新媒体时代企业管理理念应得到充分改变，向着更加民主、透明的方向发展，为企业人力资源管理营造积极的工作氛围。

其次，在企业人力资源管理中，应做到以员工为本，提升对员工的关怀和人性化管理，以员工的长远发展为目标。在新媒体影响下，很多员工呈现出不同的个性差异，因此在人力资源管理中应在企业利益的基础上，最大限度地尊重不同员工的个性发展，对员工保持欣赏和鼓励的态度，使员工的利益得到满足，为企业留下更多优秀人才，发挥新媒体在人力资源管理中的优势。

（二）创新人力资源管理制度

新媒体视域下企业人力资源在创新发展过程中，还应在人力资源管理制度方面进行创新。传统人力资源管理只重视企业自身的利益，而对员工的利益不够重视，甚至造成一些损害，从而造成员工积极性不强，对企业的忠诚度不高，容易出现跳槽等问题。因此在新媒体视域下，对于人力资源制度的创新，可以引进柔性管理方式，在对员工管理培训过程中，更加灵活，更加有针对性，通过这种公平合理的管理方式使得员工可以感受到企业的关怀与照顾；并对有困难的员工进行适当补助，从而提高员工的凝聚力，降低企业员工的流失。还有一些企业无法有效开展人力资源管理，对于这些企业可以引入外包管理。比如，外包公司可以承担企业员工的岗前培训、薪资核算等工作，提升人力资源管理效率，保障

员工利益。

（三）创新员工培训机制

新媒体视域下企业在生产经营过程中，应通过不断创新员工培训机制，提升员工的专业性和整体素质，激发员工的潜能。在以往，员工培训会受到培训时间、培训地点的影响，使得培训很难发挥应有的作用，更多的是形式化的培训，最终不能达到应有的效果。因此，在新媒体环境下，可以利用网络丰富培训方式，可以实现网络在线培训，还可以将培训内容制作成为微课，使员工可以在空余时间观看学习，在新媒体环境下还可以实现更好的互动交流，使得员工可以进行实时沟通与探讨，提升员工的专业能力。这种培训模式可以打破时间和空间的限制，使得培训更加系统、连续，提升培训的效果，有效地发挥新媒体的作用。

（四）创新企业激励机制

在新媒体不断发展的过程中，企业在对员工进行激励的过程中，可以利用新媒体创新激励机制，使得员工的物质需求、精神需求得到满足，调动员工工作的积极性，使员工更好地融入企业文化中，提高凝聚力。每个员工都希望可以在企业中实现自己的价值，得到尊重与认可，企业应充分利用新媒体，加强对企业文化的宣传，加强对员工的引导，为员工营造良好的工作氛围，不断更新传统的激励方式，创新激励方式，加强对员工创新思维的认可，使员工的主人翁意识得到提升。比如，企业可以利用新媒体，对员工的创新创造进行充分的鼓励和肯定，引导员工主动创新，认同员工的价值，凝聚向心力，发挥员工的潜能。

总之，新媒体时代给企业人力资源管理带来非常大的影响，企业在人力资源管理中，既要避免新媒体带来的不利因素，也要充分利用新媒体为企业的招聘、培训、奖惩和绩效考核的完善提供新的方法和思路，发挥新媒体的优势，提升人力资源管理水平，促进企业的长远发展。

参考文献

[1] 曹丽娜．互联网思维下的人力资源管理［J］．管理观察，2015（19）：64-65．

[2] 陈恩普．企业员工绩效管理存在的问题及改进策略［J］．现代企业，2020（04）：29-30．

[3] 陈颖．基于互联网思维下的人力资源管理创新［J］．商展经济，2022（19）：133-135．

[4] 陈俊，罗淑敏．新入职员工职业生涯自我管理的难点与对策［J］．对外经贸，2021（04）：120-122．

[5] 代二利．基于企业战略的人力资源规划探析［J］．活力，2022（07）：148-150．

[6] 康丽娥．浅谈员工福利管理优化［J］．空运商务，2018（10）：32-34．

[7] 李刚．员工薪酬管理中激励理论的运用［J］．商场现代化，2019（03）：90-91．

[8] 李佳．企业员工福利管理与实施的几点建议［J］．低碳世界，2017（13）：229-230．

[9] 李岩．大数据背景下的人力资源管理创新应用［J］．黑龙江人力资源和社会保障，2022（13）：8-10．

[10] 林春英．企业员工薪酬管理问题初探［J］．科技与企业，2013（04）：42-43．

[11] 林韩．人力资源规划及建设研究［J］．投资与创业，2021，32（03）：120-122．

[12] 林忠，金延平．人力资源管理［M］．5版．沈阳：东北财经大学出版社，2018．

[13] 刘平平．员工职业生涯规划的价值探讨［J］．人力资源，2020（02）：35．

[14] 陆娟峰．人力资源管理推动经济发展的探索［J］．商业观察，2022（21）：29-32．

[15] 罗晓芳．企业人力资源规划与绩效考核管理［J］．东方企业文化，2021（S2）：93-94．

[16] 马筱筱．企业员工绩效管理体系建设问题与措施［J］．全国流通经济，2022（29）：71-74．

[17] 莫芳．员工的招聘和甄选体系及员工关系管理策略［J］．中小企业管理与科技（中旬刊），2021（08）：170-171．

[18] 彭剑锋. 人力资源管理概论 [M]. 3 版. 上海：复旦大学出版社，2018.

[19] 浦栋雁. 大数据在人力资源管理中的应用 [J]. 商业观察，2022（19）：70-73.

[20] 田斌. 人力资源管理 [M]. 成都：西南交通大学出版社，2019.

[21] 王定科. 融合人工智能创新人力资源管理策略研究 [J]. 现代营销（经营版），2022（01）：73-75.

[22] 王冯. 战略性人力资源管理及其理论基础 [J]. 活力，2022（17）：109-111.

[23] 王乐乐. 企业员工培训开发变革研究 [J]. 中国集体经济，2019（10）：125-126.

[24] 王敏. 新员工职业生涯发展路径研究 [J]. 北方经贸，2021（05）：140-142.

[25] 王阳，李许静，张容瑜. 对优化员工绩效管理的探索 [J]. 河南电力，2021（01）：62-63.

[26] 温丽萍. 信息化人力资源管理在企业中的应用困境研究 [J]. 中国市场，2022（19）：82-84.

[27] 奚昕，谢方. 人力资源管理 [M]. 2 版. 合肥：安徽大学出版社，2018.

[28] 肖丽华. 浅论现代企业员工福利管理措施 [J]. 科技经济市场，2014（12）：53-54.

[29] 肖琳. 人力资源管理概论 [M]. 沈阳：东北财经大学出版社，2016.

[30] 闫培林. 人力资源管理模式的发展与创新研究 [M]. 南昌：江西高校出版社，2019.

[31] 杨素云. 新媒体视域下的企业人力资源管理创新研究 [J]. 中国集体经济，2022（25）：110-112.

[32] 袁蔚，方青云，孙慧. 人力资源管理教程 [M]. 2 版. 上海：复旦大学出版社，2018.

[33] 赵露. 战略性人力资源管理及其理论基础 [J]. 中国集体经济，2022（17）：139-141.

[34] 赵鹏. 关于企业员工培训开发的研究 [J]. 人力资源管理，2016（04）：82-83.

[35] 庄艳. 企业员工招聘与管理存在的问题及措施分析 [J]. 时代金融，2020（06）：50-51.